Renée Kayser

Das große Arena Gartenbuch für Kinder

Mit Illustrationen von Nathaële Vogel

und Corinne Deletraz, Anne Eydoux, Nathalie Locoste, Jean-Claude Sennée, Sophie Toussaint

Aus dem Französischen von Susanne Staatsmann

Arena

In deinem Garten, beim Gärtnern, bist du dein eigener Herr: Du hast die Freiheit, zu pflanzen, was dir gefällt, du kannst arbeiten, wann du möchtest. Jeder Erfolg ist dein Verdienst. Aber nicht für jeden Misserfolg bist du selbst verantwortlich: Frost, Hagel und viele andere feindliche Einflüsse können die Ursache sein. Dennoch. Es liegt an dir, wachsam und vorausschauend zu sein und kleine Wehwehchen zu beheben. Als Gärtner bist du frei und verantwortlich. Auch wenn dein Großvater dir ein Stückchen von seinem eigenen Garten abgegeben hat. Du hast das befriedigende Gefühl, die tägliche Speisekarte um frisches Gemüse zu bereichern oder deiner Mutter einen Blumenstrauß zu bringen, auf dem noch der Morgentau glänzt. Und die stille Freude über dein Blumenbeet. Durch deine Zuwendung ist es gewachsen und sieht nun schöner aus als in deinen Träumen. Wer mit einem Garten lebt, lebt mit der Natur – der Kälte, dem Regen, der Wärme. Pflege deinen Garten. Du tust es für dich, nicht für ihn.

Inhalt

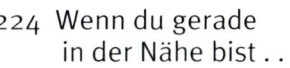

Minigärten

Es ist wie ein Geschenk, dieses kleine Stück Garten, das genau die richtige Größe hat. Aber wirst du alles richtig machen? Laufen hast du nicht an einem einzigen Tag gelernt, aber heute kannst du es.
Ebenso ist es mit dem Gärtnern: Versuche es und du wirst ein guter Gärtner werden, sei ganz sicher.

12

Lauras Geranie

Eines Morgens im Frühjahr kaufst du diese kleine
Pflanze, weil dir ihre leuchtend rote Blüte so gut gefällt.
Was machst du nun damit? Und was wird Laura mit ihr
machen, der du netterweise eine mitgebracht hast?

Seine Geranie verwöhnen

Natürlich stellst du deine Geranie nicht in eine Ecke wie
eine Nippesfigur und überlässt sie sich selbst. Du machst
dir Sorgen um sie, fast wie um einen Hamster. Wenn du
dich um die Pflanze sorgst, ist das ein gutes Zeichen. Ein
Zeichen dafür, dass du Lust hast, diese kleine Pflanze
wachsen und blühen zu sehen. Und bestimmt wirst du das
auch. Eine Bedingung gibt es allerdings: Du musst ihr jeden
Tag einige Minuten Aufmerksamkeit schenken. Und die
sollten nicht nur dazu da sein, um dein Gewissen zu
beruhigen. Nein, es sollten einige Minuten sein, die du
ganz deiner Pflanze widmest.

Ein Bad für deine Pflanze

Sprich ruhig mit ihr: »Guten Morgen, kleine Pflanze, ich glaube
es wird heiß heute. Möchtest du
vielleicht ein Bad nehmen?«
Warte nicht auf Antwort, sondern
stelle den Topf in ein Gefäß, das
du mit Wasser füllst. So kann er
sich voller Wasser saugen,
während du deine Morgentoilette
erledigst. Nimm ihn heraus, wenn
du anfängst zu frühstücken, damit
überschüssiges Wasser ablaufen
kann. Bevor du zur Schule gehst,
stellst du ihn wieder in die Sonne
zurück. Und so machst du das an
jedem heißen Tag. Bevor du zu
Bett gehst, solltest du noch mal
nach deinem Schützling sehen.
Wenn seine Blätter herabhängen,
hat er wieder Durst, denn es war
sehr heiß. Biete ihm also ruhig
etwas Wasser an.

*Stelle deine
Geranie
in die Sonne.*

Laura hatte Pech

Paul trifft Laura: »Wie geht es deiner
Geranie?« – »Nicht so gut«, antwortet
Laura, »sie ist gar nicht gewachsen,
seit du sie mir geschenkt hast, und
hat sogar zwei Blätter verloren.«
Ob sich Laura gut um ihre Pflanze
kümmert? Sie gießt sie natürlich…
ab und an, wenn sie gerade daran
denkt. Übrigens, behauptet sie,
seien Geranien sehr robust und
bräuchten eigentlich nur Sonne.
Das hat sie jedenfalls gehört. Wenn
ihre Geranie blass und traurig aussieht, dann ist sie vielleicht krank:
Pech gehabt!

*Die Geranie
braucht Wasser.*

Die Rettung der Geranie

Paul erzählt Laura, was er mit seiner Geranie
macht, und versucht sie davon zu überzeugen,
dasselbe zu tun. Sie glaubt nicht so richtig
daran, verspricht aber es zu versuchen.
Wenige Tage später ist ihre Geranie dank
aufmerksamer Pflege fast genauso schön wie
die von Paul. Und der wird von seiner Freundin
zum Gartenspezialist erklärt!

Ein Bad pro Tag?

Wenn es regnet, musst du
deine Geranie nicht gießen.
Lasse sie einfach in Ruhe.
Aber wenn am übernächsten Tag die Sonne
scheint, darfst du nicht vergessen, dass sie
Wasser braucht. Gieße Wasser in den Unterteller und lasse den Blumentopf 15 Minuten
stehen, damit die Erde wieder feucht wird.
Du siehst, das ist nicht kompliziert. Nur ein
wenig aufmerksam musst du sein.

Ein Wildblumengarten

Blumen von Feld und Wegesrand, egal, ob vom flachen Land oder von einer Bergwiese, wachsen auch ohne Hilfe des Gärtners. Du liebst ihre Farben und Formen? Wie wäre es, wenn sie in deinem Garten wachsen würden?

Das Sammeln der Samen

Das Wichtigste ist, die Samen dann zu sammeln, wenn sie reif sind. Sie haben nämlich die unangenehme Eigenschaft, herabzufallen oder vom Wind davongetragen zu werden. Deshalb solltest du die Pflanzen, die dich interessieren, beobachten. Nicht selten sitzen am selben Stängel Blüten und Samen gleichzeitig. Das ist eine gute Gelegenheit, denn du weißt, was aus den Samen wird, die du sammelst. Oft reichen schon die Samen von zwei Blütenständen für eine üppige Ernte.

Klatschmohn   *Margerite*   *Kornblume*   *Glockenblume*

Sammle die Samen ein.

Lege kleine Hügel an.

Kleine Hügelbeete

Das Gartenstück (50 cm breit und 2,50 m lang), das du für die Wildblumen vorgesehen hast, solltest du zu kleinen Hügelbeeten von 50 cm Breite und 20 cm Höhe anhäufeln. Wenn deine Erde fein ist, reicht eine Harke aus, um die Erde zu bearbeiten. Lege auf halber Höhe an der Seite eine flache Rille an und gib die gesammelten Samen hinein. Auch in die Vertiefung zwischen den Hügeln gibst du Samen. Bedecke dann alles locker mit Erde und halte die Erde feucht, bis die Pflänzchen sprießen.

Winde

Distel

Blutroter
Storchschnabel

Gänsedistel

Unkraut jäten

Wildblumen brauchst du nach dem Keimen nicht zu gießen, denn sie kommen mit Regenwasser aus. Dagegen ist es unverzichtbar, unliebsames Unkraut zu jäten. Denn konkurrierendes Unkraut erstickt deine Lieblinge und die sehen dann gar nicht mehr schön aus. In diesem Garten sind Wildblumen willkommen!

Eine kunstvolle Komposition

Stell dir beim Anlegen deines Wildblumengartens vor, dass du ein Gemälde entwirfst. So kannst du beispielsweise auf einer Seite des Hügels roten Klatschmohn wachsen lassen und auf der anderen weiße Margeriten. Das nächste Beet »malst« du mit blauem Salbei und Kornblumen ganz in Blau. Auf dem letzten Beet kannst du alle Farben mischen. Vergiss nicht, dass nicht alle Blumen zur selben Zeit blühen. Mit etwas Geduld lernst du die erwünschten Effekte zu erzielen und wirst mutiger in deinen Kombinationen.

Welche Blumen sind geeignet?

Solche, die in deiner Umgebung wachsen und die du magst natürlich. Aber auch jene, die du aus den Ferien mitbringst. Du wirst schon merken, ob sie sich bei dir wohl fühlen oder nicht. An den tiefer gelegenen Stellen zwischen den Hügeln solltest du Pflanzen aussäen, die aus einer feuchten Umgebung stammen: Primeln, Gänseblümchen, Veilchen oder Vergissmeinnicht. An den Seiten der Hügel dagegen jene, die von trockenen Standorten kommen, wie Glockenblumen, Klatschmohn oder Wolfsmilchgewächse.

Kornblume

Gänsedistel

Kamille

Klatschmohn

Heidenelke

Ein Garten im Sack

Du wohnst mit deiner Familie in einer Wohnung und der einzige Platz für einen kleinen Garten ist der Balkon. Du hast aber weder Blumentöpfe noch Blumenerde oder Werkzeug. Das ist nicht schlimm. Wenn du etwas Geld in deiner Sparbüchse hast, kannst du dir einen Garten im Sack anlegen. Pflanze direkt in die Blumenerde, die du gerade gekauft hast.

Offener Sack, stehend

Öffne den Sack mit der Blumenerde vollständig. Wenn du keine Blumenerde kaufen möchtest, kannst du einen robusten Plastiksack nehmen, den du halb mit Erde füllst. Du kannst direkt in die Erde säen oder pflanzen, darfst aber nicht vergessen Löcher in das Plastik zu stechen, damit das Wasser ablaufen kann. In einen aufrecht stehenden Sack kannst du 1 Zucchini, 2 Kartoffeln oder 1 Artischocke pflanzen. Oder warum nicht 4 Blumenzwiebeln? Lilien zum Beispiel.

Artischocke

Kapuzinerkresse

Stiefmütterchen

stehender Sack

liegender Sack

Geschlossener Sack, liegend

Lege den Sack flach hin. Stich an allen 4 Ecken von unten ein kleines Loch hinein, damit das Wasser ablaufen kann. Schneide an der Oberseite Kreuze von etwa 10 cm Länge ein, um zu säen oder zu pflanzen. In den liegenden Sack kannst du Gemüse pflanzen: 3 Tomaten, Auberginen oder Paprika oder aber 8 Salatköpfe. Auch niedrige Blumen wie Stiefmütterchen oder Kapuzinerkresse machen sich gut.

Vorsicht Frost!
Im Winter kann die Erde in deinem Plastiksack gefrieren, sodass die Pflanzen Schaden nehmen. Decke deine Blumensäcke daher sorgfältig mit Zeitungspapier ab.

Der Windgarten

Sie drehen sich lustig im Wind, die kleinen Windräder, und verschönern deinen Garten. Es sieht aus, als hätten sich die Blüten losgerissen und tanzten im Wind. Dein Windgarten ist natürlich ein Sommergarten und gerne setzt du dich auf eine Bank, um die Windräder zu beobachten.

Achte darauf, die Farben der Windräder auf die Blumen abzustimmen.

Ein buntes Blumenbeet

Die Windräder kommen besser zur Geltung, wenn sie ein einheitlich gestaltetes Beet überragen, auf dem die Blumen nicht allzu hoch wachsen. Wenn du dich für eine Farbe entschieden hast, kannst du je nach Jahreszeit Stiefmütterchen, Nelken, Lobelien oder Fleißige Lieschen pflanzen.

❶ Nimm einige Bögen weiche und wasserfeste PVC-Folie. Schneide Vierecke mit 20 cm Seitenlänge aus.

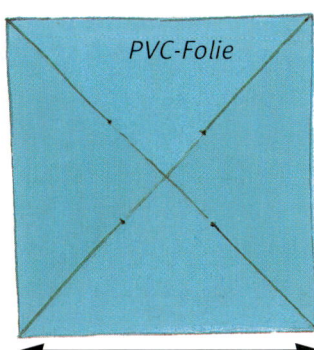

PVC-Folie

20 cm

❷ Zeichne die beiden Diagonalen ein und schneide sie auf 10 cm Länge ein.

Diagonale

10 cm

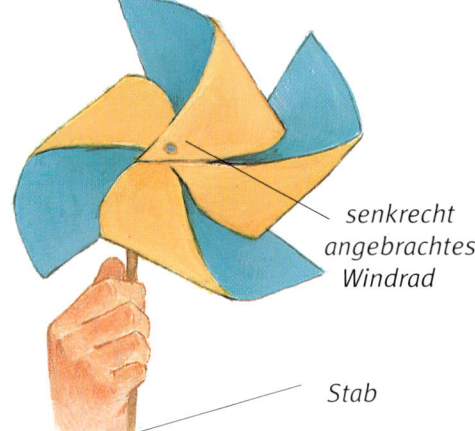

senkrecht angebrachtes Windrad

Stab

❸ Bringe die 4 Ecken nun zusammen, ohne sie zu knicken. Fixiere sie mit einem dünnen Nagel an einem festen Gegenstand, z. B. an einem Stab. Hübscher ist es, wenn du gerade Äste verschiedener Länge findest, an denen du die Windräder waagerecht und senkrecht anbringen kannst.

Der Kübelgarten

Vielleicht sind die Umstände für deine ersten Schritte als Gärtner nicht optimal? Der Platz reicht nicht aus. Möglicherweise ist die Erde hart und verbraucht… Was tun? Ein Kübelgarten ist eine gute Lösung.

Welche Kübel sind geeignet?

Blumentöpfe gibt es in jeder Größe, Form und Farbe. Es gibt Ton- und Plastiktöpfe. Tontöpfe sind hübscher, aber Plastik ist leichter, weniger zerbrechlich und hält die Feuchtigkeit besser. Versuche die passenden Töpfe für dein Vorhaben zu finden: große oder kleine, hohe für Pflanzen mit Pfahlwurzeln und breite für Pflanzen mit Flachwurzeln. Größere Töpfe sind auf jeden Fall besser als zu kleine.

Töpfe desinfizieren

Bevor du einen Blumentopf wieder verwendest, solltest du ihn zur Sicherheit desinfizieren. Wasche ihn mit einer Bürste gut aus und lege ihn über Nacht in einen Eimer mit Chlorlösung. Lasse ihn danach an der frischen Luft und Sonne trocknen.

Seifenkraut

Stockrose

Sonnenblume

Duftwicke

Lilie

Lavendel

Schleierkraut

Du kannst deine Blumen wirkungsvoller zusammenstellen, indem du niedrige Pflanzen (Atlasblumen, Leberbalsam, Seifenkraut) mit mittelhohen (Salbei, Duftwicken, Schleierkraut) und hohen (weiße Lilien, Stockrosen) kombinierst.

Kapuzinerkresse

Zinnien

Wenn du einen sonnigen Garten mit Kübelpflanzen in den Farben Gelb und Orange haben möchtest, solltest du ab April Zinnien, Sammetblumen und Sonnenblumen säen.

Blumentopferde

Sie muss fruchtbar sein, denn die Pflanzen sind auf sie angewiesen. Sie können ihre Wurzeln nicht über den Topf hinaus ausbreiten, um Nährstoffe zu suchen. Auch locker und durchlässig sollte die Erde sein, damit sie Wasser aufnehmen und gut halten kann. Eine gute Mischung besteht aus 1/3 Gartenerde, 1/3 Torf und 1/3 Humus. Ein wenig Sand und ein Suppenlöffel getrockneter Mist (pro Topf) sind eine gute Ergänzung! Heideerde, die du im Fachhandel bekommst, ist nur für bestimmte Pflanzen nötig, die keine kalkhaltige Erde mögen, wie zum Beispiel Azaleen, Rhododendren und Erika.

. . . und wenn sie stirbt?

Auch Blumen sterben. Aber du kannst versuchen die Ursache herauszufinden. Nimm sie aus dem Topf und sieh sie dir genau an. Waren die Wurzeln zu nass und sind verfault? Sind die Blätter von winzigen Schädlingen befallen? Wenn eine Pflanze eingegangen ist, musst du sie wegwerfen oder verbrennen. Und schnell ersetzen.

Auch Pflanzen frieren

Winterfeste Pflanzen können im Blumentopf erfrieren. Da das Erdreich sich nicht ausdehnen kann, erdrückt es bei Frost die Wurzeln. Sie brauchen daher besonderen Schutz. Du kannst den Topf zum Beispiel in einen mit Zeitungspapier gefüllten Karton stellen und die Pflanze mit Luftpolsterfolie umwickeln, um sie warm zu halten. Vergiss nicht sie am Ende der Kälteperiode wieder auszupacken.

Spinnen-pflanze

Sammetblume

Heiligenkraut

Sommerflieder

Warum versuchst du nicht Stauden mit grauen Blättern zu kombinieren (sie müssen geschnitten werden): Wollziest, Heiligenkraut, Beifuß, Lavendel und Sommerflieder wären geeignet. Ein solcher Garten blüht viele Jahre.

Ein hängender Garten

Ein einfacher Hängekorb kann schon einen kleinen Garten abgeben. Wenn du etwas Platz hast und 2 oder 3 Körbe in verschiedenen Höhen nebeneinander aufhängen kannst, sieht das sehr hübsch aus. Direkt neben der Eingangstür ist ein blühender Hängekorb ein fröhlicher Willkommensgruß für Besucher.

Fleißiges Lieschen

Kapuziner-kresse

Begonien

Efeu

Fuchsien

In der Sonne kannst du Hängegeranien, Kapuzinerkresse (kletternde oder kleinwüchsige), Lobelien, Gold-Zweizahn, Hängepetunien, Elfensporn, Fächerblumen pflanzen.

Im Schatten solltest du dein Glück mit Fuchsien, Fleißigen Lieschen, Begonien, Glocken-blumen, Efeu, Grünlilien, Pothos versuchen.

Die Vorbereitung des Korbes

Im Handel findest du verschiedene Arten von Hängekörben. Suche einen Metallkorb mit Plastikumhüllung aus und kleide ihn von innen etwa 1 cm dick mit Moos (trockenem Torfmoos oder synthetischem Moos) aus. Fülle den Korb dann mit einer Mischung aus Blumenerde, Torf, Blähton, etwas zerdrückter Holzkohle und 2 bis 3 Prisen Dünger.

Lobelien

Grünlilie

Petunien

Die Bepflanzung

Wähle für deinen Hängegarten junge Pflanzen aus: Sie bilden schnell Wurzeln und wachsen im Korb.

❶ Fange mit dem Bepflanzen von innen an und arbeite dich nach außen. Halte die Setzlinge mit der Hand fest, während du nach und nach Erde einfüllst.

❷ Wenn die Erde eingefüllt ist, gräbst du in der Mitte ein Loch. Dort setzt du einen Plastikbecher ein, der mit Löchern versehen ist. Lasse ihn halb aus der Erde herausschauen.

❸ In diesen Becher gibst du deinen Pflanzen Wasser. Einmal pro Woche fügst du wasserlöslichen Dünger hinzu.

Becher

Ein stehender Garten

Du entdeckst im April ein kleines Stück freie Fläche im Garten? Gerade genug, um einen Kreis von 1,50 m Durchmesser oder ein Viereck mit 1,50 m Seitenlänge abzustecken? In diesem Fall brauchst du für eine Bepflanzung nur stabile Bambusstangen mit einer Länge zwischen 2 und 3 m.

Bambusstangen aufstellen

Eine erste Stange kommt in die Mitte und wird etwa 25 bis 30 cm tief in die Erde gebohrt. Sechs weitere Stangen werden sternförmig mit einem Abstand von etwa 60 cm um die erste gruppiert.

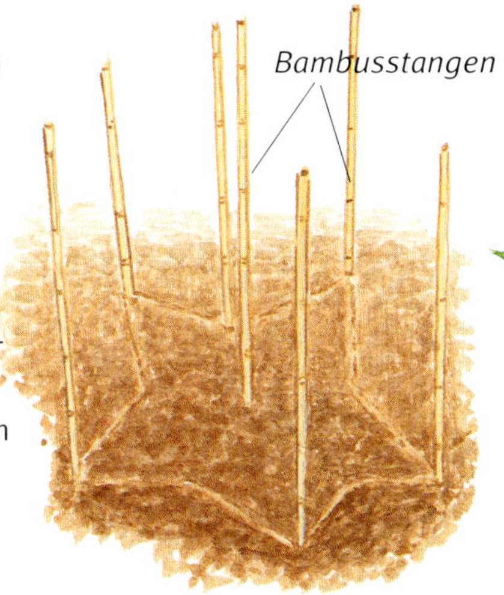

Bambusstangen

Die Aussaat

Gib rund um jede Stange einige Samenkörner von Sternwinden und Kapuzinerkresse in die Erde. Vergiss nicht auch zwischen den Stangen zu säen. Wenn die Pflanzen etwa 10 cm hoch sind, behalte pro Stange nur 2 Triebe. Die anderen kannst du in einem Abstand von 20 cm neu einpflanzen. Wenn die Triebe 20 cm hoch sind, nimm wieder einen weg, sodass nur eine Pflanze übrig bleibt. Diese wird nämlich klettern, klettern, klettern. Binde sie wenn nötig fest. Die anderen werden über den Boden kriechen und schließlich einen hübschen blühenden Teppich bilden. Eine solche Pflanzung kann den ganzen Sommer über viel Freude machen, vor allem wenn du das Gießen nicht vergisst.

Lasse die Kapuziner-kresse klettern.

Eine Treppe in voller Blüte

Petunien

Die Treppe, die von der Straße oder vom Garten zur Haustür führt, gehst du zehnmal pro Tag hinauf und hinunter, ohne sie zu beachten. Dabei könnte sie dir viel Freude machen, wenn du sie mit Blumen dekorieren würdest.

Hundskamille

Geranien

Heliotrop

In der Sonne kannst du Geranien, Petunien, Kapuzinerkresse und Hundskamille pflanzen. Wenn deine Zusammenstellung origineller sein soll, denk an Baldrian, Heliotrop, Lobelien, Portulak.

Kapuziner-kresse

Lobelien

Alpenveilchen

Fuchsien

Im Schatten kannst du Begonien und Fleißige Lieschen, aber auch Azaleen, Fuchsien, Alpenveilchen und Lilien pflanzen. Gieße im Schatten weniger.

Kleine und große Blumentöpfe

Mit Blumentöpfen kannst du ein harmonisches Bild zusammenstellen. Wähle schöne Töpfe aus, denn sie sind Teil des Ganzen. Fülle sie mit guter Erde, halb Blumenerde, halb Garten- oder Walderde. Gib einmal pro Woche ein wenig Dünger in das Gießwasser.

Lilien

Fleißiges Lieschen

Wenn deine Treppe nach Süden zeigt und das Wetter warm ist, solltest du alle Blumentöpfe am Abend 15 Minuten lang in ein Gefäß mit Wasser tauchen, damit die ganze Erde durchfeuchtet wird und alle Wurzeln sich voll saugen können! Gib jede Woche eine Prise wasserlöslichen Dünger in dieses Bad.

Bauchige Tonkrüge

Vielleicht gibt es einen großen Tonkrug in eurem Garten? Dickbauchig, hoch, farbig und auf jeden Fall hübsch . . . Schon lange liegt er leer herum, als hätte man ihn vergessen. Warum lässt du ihn nicht wieder aufleben?

Welche Pflanzen eignen sich?

Lasse deiner Phantasie freien Lauf und probiere Verschiedenes aus. Wichtig ist, dass die Bepflanzung den Tonkrug zur Geltung bringt und ihn nicht verbirgt. Am einfachsten ist es, in die Mitte eine Grünlilie zu pflanzen. Schon nach kurzer Zeit wachsen Ableger, die über den Rand des Kruges herabhängen. Du möchtest deinem Minigarten ein exotisches Aussehen geben? Dann solltest du Wasser speichernde Pflanzen (Sukkulenten) wie Nabelkraut oder Hauswurz pflanzen.

Hauswurz

Zwergiris

Krokus

Kleine Schummelei

Mit wenig Aufwand wirst du einen gepflegten Minigarten ohne Unkraut, gelbe Blätter oder welke Blüten anlegen. Ein Beispiel an Vollkommenheit. Dazu musst du nicht das ganze Gefäß mit Erde füllen. Es würde zu schwer und zerbrechlich werden. Wenn du einen umgedrehten Blumentopf auf den Boden stellst und den bepflanzten darauf, kannst du ein wenig schummeln.

gefüllter Blumentopf

leerer Blumentopf

In einem flachen Gefäß ergeben Iris und Krokus einen wunderschönen Blumenstrauß.

Ein liegender Krug

Das Tongefäß kann auch halb liegend bepflanzt werden, wenn du es an eine Mauer oder Böschung anlehnst. Dann wachsen die Pflanzen heraus und hängen herab: Eine Mischung aus Hängegeranien und Hängepetunien ist sehr wirkungsvoll. Wenn der Krug liegt, kann das Wasser nicht mehr aus dem Bodenloch fließen. Daher solltest du Geranien und Petunien, die Trockenheit gut vertragen, nicht zu viel, aber doch regelmäßig gießen!

Fleißiges Lieschen

Wähle Pflanzen aus, die lange Zeit blühen, damit die Treppe immer schön aussieht.

Der Steingarten

Ein Steingarten bringt mit seinen Höhenunterschieden, Felsen, Kieselsteinen, und den widerstandsfähigen Pflanzen, die du vom Feld oder aus dem Gebirge mitgebracht hast, ein Stück Wildnis in den Garten.

Das Hügelbeet anlegen

Zunächst musst du ein Hügelbeet anlegen und dazu Erde herbeischaffen. Unter dem Beet hebst du eine Vertiefung aus, die du mit Kieselsteinen auffüllst, damit das Wasser ablaufen kann. Wenn du das Beet aufbaust, kannst du die Erde mit Kompost oder Mist anreichern. Für die obere Schicht eignet sich Blumenerde, die mit etwas Dünger angereichert wurde.

Aubretien

Lavendel

Aschenpflanze

Gib etwas Dünger dazu.

Steinkraut

Blumenerde

Kieselsteine

Lasse zwischen den Pflanzen genug Abstand, denn sie breiten sich aus.

Die Pflanzen einsetzen

Du hast die Wahl: Entweder du säst direkt ins Freiland oder aber du nimmst Pflanzen, die du kaufst oder mit den Wurzeln von deinen Spaziergängen mitbringst. Achte darauf, niemals geschützte Arten oder Pflanzen im Naturschutzgebiet zu entnehmen. Pflanzen, die auf trockenem Boden wachsen, solltest du oben einpflanzen, die anderen weiter unten. Von Zeit zu Zeit musst du die Wurzelballen teilen. Und vergiss nicht, dass ein Steingarten wie der restliche Garten gegossen und gejätet werden muss.

Das Beet dekorieren

Wenn alles fertig ist, platzierst du geschickt die natürlichen Materialien, die aus deinem Hügelbeet erst einen Steingarten machen. Bringe große Kieselsteine, ausgehöhlte und bizarre Felsbrocken und vom Meer gebleichte Holzstücke von deinen Spaziergängen mit und stelle diese Schätze effektvoll in deinem Steingarten aus.

Ein Sommergarten

Deine Lieblingsecke im Garten misst 2 mal 2 m und hat fast den ganzen Tag Sonne. Du kannst sie den ganzen Sommer über blühen lassen.

Sonnenblumen 1,20 bis 1,50 m

Den richtigen Moment auswählen

Fang nicht zu früh im Jahr mit der Aussaat an, denn die Blumen, die du säst, sind kälteempfindlich: Sie vertragen keinerlei Frost. Kurz vor der Aussaat solltest du mit einer kleinen Harke ein wenig Kunstdünger unter die Erde heben (etwa 40 g pro m2).

gelbe Sammetblumen, 80 cm

orange Sammetblumen, 80 cm

Sonnenblumen blühen leider kürzer: nur fünf Wochen. Warum nicht um sie herum Kapuzinerkresse aussäen, sobald die Stängel hoch genug (60 cm) sind. Wenn die Sonnenblumen verblüht sind, werden sie von der Kresse abgelöst! Du musst nur noch die vertrockneten Blüten und Blätter der »Sonne« abschneiden, um dich an der Kresse zu erfreuen.

Eine weiße Geranie lockert das Beet auf.

Tagetes, 25 cm

Das Anpflanzen

Zuerst säst du im Hintergrund in Saatlöcher die Sonnenblumen. Dann davor die anderen Samen, wobei du darauf achtest, nicht auf die bereits gesäten Samen zu treten. Wenn die Samen gekeimt haben, musst du sie verziehen, damit sie nicht zu dicht stehen. Das ganze Beet erblüht etwa 50 Tage nach der Aussaat: Sammetblumen und Tagetes blühen den ganzen Sommer über bis zum ersten Frost.

Blumenrabatten

Direkt am Haus, an einer Allee oder am Rand einer Rasenfläche bildet eine Blumenrabatte mit drei verschiedenen Blumenarten – Iris, Mohn und Pfingstrose – im Frühjahr einen farbenfrohen Blickfang.

Schon ab Mai erblüht deine Blumenrabatte prächtig in Rot, Rosa und Lila.

Die Vorbereitung einer Blumenrabatte

Unabhängig davon, ob du die Rabatte neu anlegen oder nur frisch bepflanzen möchtest, solltest du im März oder April ein Beet von etwa 6 m Länge und 50 cm Breite vorbereiten: den Boden umgraben und auflockern und Kompost untermischen. Einen Monat später solltest du ein wenig Mehrnährstoffdünger unterharken (40 g pro m³). Was du dann einpflanzt, wird im Jahr darauf mit Sicherheit wunderschön blühen, du brauchst nur zu warten. Und nach dieser ersten Blüte musst du nichts weiter tun – sie wiederholt sich ganz von selbst jedes Jahr.

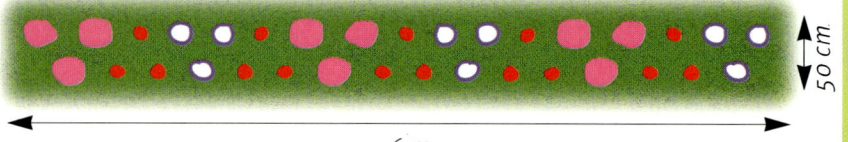

50 cm

6 m

🔴 Pfingstrose   • Mohn   ○ Iris

Der Abstand zwischen den Pflanzen sollte 25 cm in jeder Richtung betragen.

Zeitpunkt der Pflanzung

• **Im Juli** pflanzt du 3 Iris mit einem Abstand von 25 cm als Gruppe. Die nächste Gruppe legst du etwa 1 m entfernt an.

• **Im September** pflanzt du alle 1,50 m krautige Pfingstrosen.

• **Im Oktober** kannst du je drei Mohnsetzlinge zwischen die Iris und Pfingstrosen pflanzen. Den Mohn musst du im Juni in einem Kasten vorziehen. Im ersten Jahr braucht er nicht den ganzen Platz, sodass du einjährige Pflanzen wie Salbei, Strohblumen oder Tabak zwischen die Büsche säen kannst.

Schnittblumen für Sträuße

Blumen in Ziergärten werden normalerweise nicht abgeschnitten. Schließlich wurden sie gepflanzt, um den Garten zu verschönern. Dennoch ist ein Blumenstrauß im Haus hübsch ... Die Lösung? Reserviere im Garten eine Ecke für Schnittblumen.

Das Schnittblumenbeet

5 bis 10 m² Garten reichen aus, um vom Frühjahr bis zum Herbst Blumen schneiden zu können. Warum erklärst du dich nicht bereit dich um dieses Gartenstück zu kümmern? Dann kannst du jede Woche einen ganzen Arm voller Blumen und damit viel Freude ins Haus tragen.

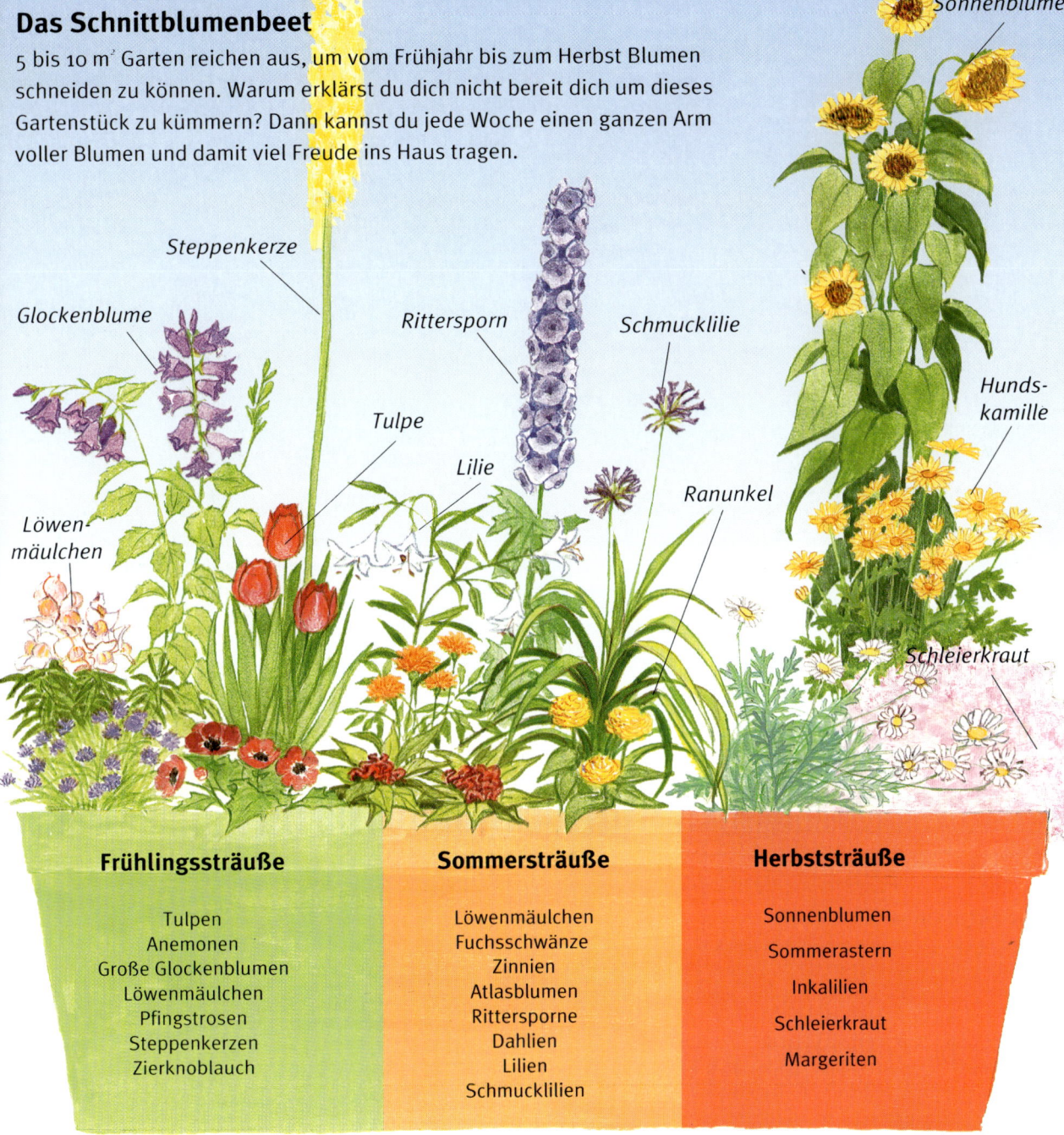

Sonnenblume

Steppenkerze

Glockenblume

Rittersporn

Schmucklilie

Hundskamille

Tulpe

Lilie

Löwenmäulchen

Ranunkel

Schleierkraut

Frühlingssträuße	Sommersträuße	Herbststräuße
Tulpen	Löwenmäulchen	Sonnenblumen
Anemonen	Fuchsschwänze	Sommerastern
Große Glockenblumen	Zinnien	Inkalilien
Löwenmäulchen	Atlasblumen	Schleierkraut
Pfingstrosen	Rittersporne	Margeriten
Steppenkerzen	Dahlien	
Zierknoblauch	Lilien	
	Schmucklilien	

Mehr Informationen zur Pflege und Besonderheiten dieser Blumensorten findest du im Kapitel »Der blühende Garten«.

Ein Blumenbeet für vier Jahreszeiten

Auf dem kleinen Beet, das wir dir hier vorstellen, kannst du das ganze Jahr über blühende Pflanzen ziehen. Wie die Gärtner der Stadtverwaltung, die ständig neue Blumen einpflanzen, um eine dauerhafte Blüte zu erreichen. Wähle zuerst den Ort im Garten aus: Er sollte gut sichtbar sein und durch die Umgebung zur Geltung kommen. Eine Ecke der Rasenfläche eignet sich zum Beispiel gut.

Gänsekresse

Eine langwierige Arbeit

Was wir hier vorschlagen, erfordert ein wenig Ausdauer, denn um dieses Blumenbeet musst du dich in jeder Jahreszeit, fast in jedem Monat kümmern. Und das zwei Jahre lang. Aber das Resultat ist die Mühe wert. Die Erde muss natürlich gut vorbereitet und nährstoffhaltig sein, denn sie soll ja ohne Unterbrechung Blüten hervorbringen. Eine gute Größe? Ein kreisrundes Beet von etwa 1,20 m Durchmesser.

Gänsekresse

Stief-mütterchen

Stiefmütterchen

Hyazinthen

Tulpen

❶ Erster Herbst

Im Oktober pflanzt du in der Mitte des Beetes 2 Setzlinge weiße Gänsekresse. Drum herum verteilst du Stiefmütterchen in den Farben Rosa, Creme, Orange und Lachs. Gib noch 6 Zwiebeln rosarote Hyazinthen und 17 langstielige und spät blühende rote Tulpen dazu. Achte auf eine gleichmäßige Verteilung: Lege zunächst alle Zwiebeln auf dem Beet aus und grabe sie erst dann ein, wenn du sicher bist, dass sie am richtigen Platz sind. So ist der nächste Frühling vorbereitet.

❷ Erster Frühling

Dein Beet wird im März und April wunderbar blühen. Trotzdem musst du den kommenden Sommer vorbereiten. Im Mai oder Anfang Juni solltest du die Hälfte der Stiefmütterchen ausreißen und die Gänse-kresse in der Mitte wachsen lassen. In die Zwischenräume kannst du fünf weiße Dahlien pflanzen. In kleine Becher säst du Kapuzinerkresse. Wenn sie etwas gewachsen ist, lässt du nur einen Setzling pro Ballen übrig und nimmst die anderen heraus. Nachdem du die letzten Stiefmütterchen ausgegraben hast, pflanzt an ihrer Stelle die Kresse.

❸ **Erster Sommer**

Ende Juni, Anfang Juli blühen die Dahlien und die Kapuzinerkresse. Sie halten bis zum ersten Frost. Trotzdem
solltest du dich nicht auf deinen Lorbeeren ausruhen.
Während die anderen dein Beet bewundern, denkst du
schon an die nächsten Schritte. In einer Schale säst du
ein Päckchen roter Gänseblümchen aus. Im Juli
nimmst du 50 davon
heraus und pflanzt
sie in kleine
Becher oder Keim-
tabletten (Abstand
etwa 10 cm).

Dahlien

*Kapuziner-
kresse*

Hyazinthen

❹ **Zweiter Herbst**

Jetzt beschäftigst du dich
schon seit einem Jahr mit
deinem Beet. Nach dem ersten
Frost nimmst du die Wurzelballen der
Dahlien aus der Erde und bringst sie zum Überwintern
an einen frostsicheren Platz. Wirf die verblühte Kapuzinerkresse weg und nimm die beiden Gänsekressepflanzen heraus, um sie
zu teilen und erneut in deinem Beet einzugraben. Verteile die Gänse-
blümchensetzlinge im Beet, lasse aber 15 bis 20 cm Abstand. Achtung!
Wenn du beim Umgraben Tulpen- oder Hyazinthenzwiebeln findest,
gräbst du sie vorsichtig wieder ein.

*Gänse-
kresse*

Tulpen

Gänsekresse

Gänseblümchen

Margeriten

Duftwicken

❺ **Zweiter Frühling**

Die Ergebnisse deiner Arbeit werden jetzt
sichtbar. Die Gänseblümchen, Tulpen und
Hyazinthen lassen das Beet erblühen. Sobald
sie verwelkt sind, musst du es für den Sommer
vorbereiten. Die Erde muss umgegraben,
gedüngt und geharkt werden, ohne die Gänsekresse auszugraben. Ziehe dann 2 kreisrunde
Furchen, eine 15 cm vom Rand entfernt, die
andere 15 cm von der Mitte weg. In die Furchen
säst du Wild- oder Duftblumen. Bedecke die
Samen mit Erde und gieße sie regelmäßig.

Bechermalven

❻ **Zweiter Sommer: viertes Ergebnis**

Jetzt blühen im Mai und Juni die einjährigen Pflanzen.
Sie sind der ganze Stolz des Beetes und des Gärtners!

*Sammet-
blumen*

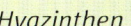

Drei kleine Gemüsegärten

 Der Gemüsegarten der Familie ist meist den Erwachsenen vorbehalten. Du kommst oft hierher, um Gemüse für das Mittagessen zu holen oder ihnen bei der Gartenarbeit zuzusehen. Manchmal hilfst du auch bei der Arbeit. Eines Tages hast du darum gebeten, ein kleines Eckchen für dich zu bekommen.

Welche Pflanzen eignen sich?

- 2 Artischocken
- Zwischen den Artischocken säst du im Mai 5 Päckchen Sonnenblumen.
- 1 Reihe Erbsen (hochbinden)
- 4 Tomatenstauden (mit Bambusstäben stützen)
- In der Mitte säst du im Mai 4 Stauden Zuckermais. Lege 2 Samen zusammen und entferne nach dem Keimen die schwächere Pflanze.
- Im Vordergrund werden Salatsetzlinge gepflanzt.
- Als Umrandung eignet sich Petersilie, die im März gesät wird.

Ein kunstvolles Gemüsebeet

Du könntest deinen kleinen Gemüsegarten auch etwas phantasievoller gestalten. Statt alle Pflanzen ganz regelmäßig nebeneinander wachsen zu lassen, kannst du ein Beet anlegen. Dann stehen die Farben und Formen im Vordergrund. Was nicht bedeutet, dass das Gemüse nicht geerntet und immer wieder ersetzt wird.

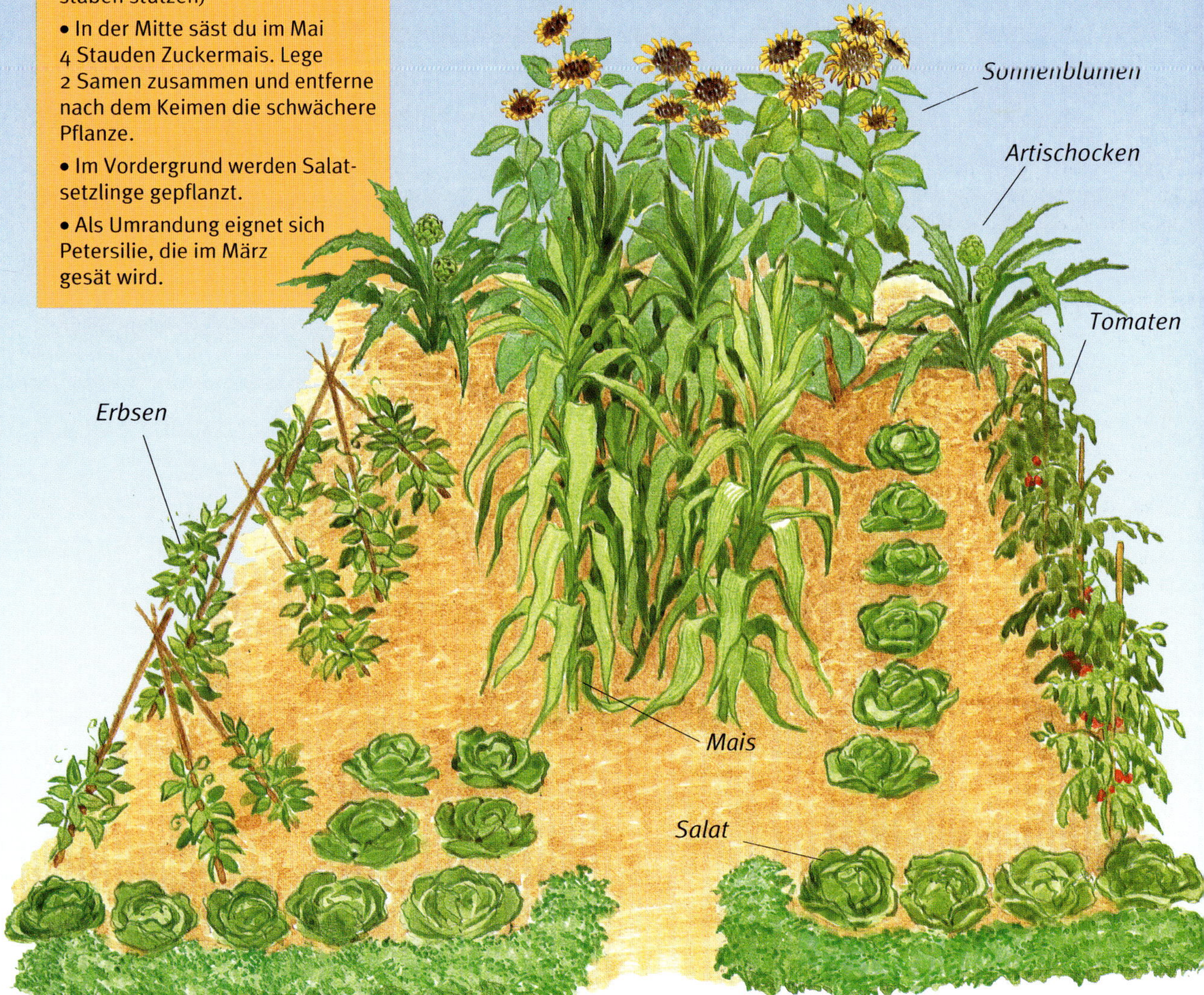

Sonnenblumen

Artischocken

Tomaten

Erbsen

Mais

Salat

Ein Salatbeet

Eine gute Möglichkeit, das Dekorative mit dem Nützlichen zu verbinden, ist ein mehrfarbiges Salatbeet. Es anzulegen ist zwar nicht ganz einfach, aber das Ergebnis ist sehr originell.

❶ Du bereitest das Beet mit einer Seitenlänge von 1,50 m vor, indem du die Erde mit einem Rechen zur Mitte hin anhäufst, sodass ein kleiner Hügel entsteht.

❷ Mit einer Schnur markierst du die Diagonalen des Vierecks und ziehst auf beiden Seiten parallel verlaufende Linien.

Dein Garten ist wie du

Ein Garten hat immer Ähnlichkeit mit seinem Besitzer! Du magst gerade Linien und geometrische Formen wie in den französischen Gärten? Dann ist dein Garten vermutlich klug geplant und ordentlich. Du fühlst dich im Gegenteil eher zur Wildnis hingezogen? Dann legst du wahrscheinlich einen üppigen Garten mit schnell wachsenden Pflanzen an. Aber vielleicht liebst du ja auch das Experiment und probierst gerne verschiedene Sachen aus? Dann wird sich dein Garten gewiss oft verändern. Du kommst mit neuen Pflanzen und Samen aus den Ferien zurück. Du säst, gräbst wieder aus, ziehst Stecklinge … Und du beobachtest, ob alles wächst.

Radiccio

Kopfsalat

römischer Salat

❸ Richte deine Furchen an diesen Linien aus. In die Furchen säst du den Salatsamen (später pikieren): je eine Reihe grünen Blattsalat und römischen Salat in der Mitte und je eine Reihe Radiccio auf beiden Seiten.

❹ Als Krönung kannst du an den Rändern oder Ecken des Beetes Salatkräuter wie Rauke und Kresse aussäen.

Dein Gemüsegarten

Stelle dir vor, du hast eine rechteckige Fläche von 1,60 m Länge und 80 cm Breite. Hier könntest du Karotten, Radieschen, Salat, Erbsen und Erdbeeren ernten. Das wäre nicht schlecht, oder? Im Februar musst du umgraben und harken, um die Erde vorzubereiten. Wenige Tage nach dem Umgraben wächst das Unkraut, das du mit einem Rechen leicht entfernen kannst. Scheint dann noch für einen Tag die Sonne auf die Erde, ist es nachhaltig beseitigt.

Im Mai erfolgt mit je 30 cm Abstand die Aussaat von:

- einer Reihe Radieschen
- einer Reihe Karotten (später pikieren)
- einer Reihe Salat (20 cm Abstand)
- einer Reihe Erbsen (2 Samen alle 3 cm) an einem Ende des Beetes

Außerdem pflanzt du 6 Erdbeerpflanzen am Ende einer Reihe.

Salat

Karotten

✂ Kapuzinerkresse und Tomaten

Das Nützliche mit dem Angenehmen verbinden . . .
Das Rot der in die Höhe wachsenden Tomaten-
pflanzen vermischt sich hier wunderbar mit
dem auffälligen Orange der Kapuzinerkresse,
die sich auf dem Boden ausbreitet.

Tomaten

Wie man Tomaten anbaut, erfährst
du auf Seite 154. In einem Ziergarten ist oft das Abstützen von
Pflanzen schwierig, denn es
sollte unauffällig sein oder
sich zumindest gut in das
gesamte Erscheinungs-
bild deines Gartens
einfügen. Ein Holzgitter
kann eine gute
Kletterhilfe sein.
Am einfachsten sind
sicherlich Bambus-
stäbe, die immer
hübsch aussehen und
unkompliziert in der
Handhabung sind.

❶ Du steckst auf
dem Boden ein Dreieck
mit 1 m Seitenlänge ab.
❷ Stelle 6 Bambus-
stäbe auf.
❸ Pflanze neben
jeden Bambus-
stab einen
Tomaten-
setzling.

❹ Mit einem
Abstand von
25 cm säst du
je 2 bis 3 Samen
der Kresse aus.
Wenn die
Pflanzen etwas
gewachsen
sind, lässt du nur
eine stehen.

1 m

Das blühende Tipi

Euer Garten ist groß genug und du hättest gern eine kleine Hütte nur für dich allein? Deine Eltern sind aber von der Idee, in ihrem sorgfältig angelegten Garten eine hässliche Konstruktion aus verschiedenen Materialien zu sehen, gar nicht begeistert? Schlage ihnen doch ein Tipi vor, das mit Blumen und Grünpflanzen bewachsen ist!

Wenn du möchtest, dass die Bambusstangen mehrere Jahre halten, ohne zu verrotten, solltest du die Enden zuerst in einem Desinfektionsmittel baden.

Prunkwinde

Bambusstangen

So baust du ein Tipi

❶ Markiere einen Kreis von 2 m Durchmesser auf dem Boden und hebe entlang dieser Markierung einen kleinen Graben aus.
❷ Gib Kieselsteine oder Sand als Drainage in den Graben. Fülle ihn mit Erde und stampfe sie fest.
❸ Stelle alle 30 cm in diesem Kreisrund eine Bambusstange von 2,40 m Höhe auf. Lasse einen Eingang frei.
❹ Etwa 25 cm unterhalb des oberen Endes bindest du die Bambusstangen zusammen.
❺ 40 und 80 cm über dem Boden spannst du zwischen den Stangen eine Schnur, an der sich die Pflanzen festhalten können.

Tipispitze

Binde die Bambusstangen zusammen.

Rund ums Tipi

Am Fuß der Bambusstangen säst du Kletterpflanzen in die Erde: blaue oder gemischte Prunkwinden, spanische Bohnen. Du kannst an deinem Tipi auch Koloquinten oder verschiedene Kürbisarten ranken lassen. Dann kommen zu den Blättern und Blüten je nach Saison noch ulkige und bunte Früchte dazu.

Ein Garten für Sammler

Bist du ein Sammler? Hast du bereits eine Briefmarken- und Steinsammlung? Na also, dann kannst du auch im Garten eine Sammlung anlegen. Sie lebt und sorgt für Begeisterung.

Ein Abenteuer

Pflanzen zu sammeln ist keine schwierige Aufgabe, erfordert aber wie jede andere Sammelleidenschaft Geduld und Ausdauer. Aber daran mangelt es dir nicht, denn du liebst die Gartenarbeit. Jetzt geht es darum, Pflanzen einer bestimmten Familie zu sammeln. Jede Pflanzenfamilie hat, wie du weißt, vielerlei Arten und Unterarten.

Die Nachforschungen

Du fängst am besten damit an, einige Gefäße zusammenzutragen, die du benutzen darfst. Dann stöberst du immer wieder in Gärtnereien herum und besuchst vor allem Verkaufsausstellungen für seltene Pflanzen. Dort triffst du Spezialisten, die dir helfen und sich mit dir austauschen können.

Diese Pflanzen halten die Trockenheit gut aus und nur wenigen Arten macht der Frost etwas aus.

Sukkulenten und Kakteen

Viele Pflanzen eignen sich für eine Sammlung, aber es versteht sich von selbst, dass jene besser sind, die das ganze Jahr über gut aussehen und mehrjährig wachsen. Zu den Arten, die am einfachsten zu sammeln sind, gehören Sukkulenten wie die Fetthenne und Dickblattgewächse wie das Nabelkraut; außerdem Kakteen (Achtung, die Stacheln piksen). Und dann gibt es noch die vielen Hauswurz-Arten…

Berg-Hauswurz

Dachwurz

Eine Hauswurz-Sammlung

Zahlreiche Hauswurz-Arten kannst du in ihrem natürlichen Umfeld finden, aber es gibt auch sehr schöne Züchtungen. Alle haben für Hobbygärtner mit wenig Erfahrung den großen Vorteil, dass sie anspruchslos sind. Der Beweis dafür ist, dass man immer wieder wilde Pflanzen auf alten Dächern sieht.

flanze deine Schützlinge in Töpfe, die halb mit de, halb mit Sand gefüllt sind.

Topfe sie alle drei Jahre um!

Im Sommer musst du einmal pro Woche gießen. Im Winter brauchen die Pflanzen im Haus nur so viel Wasser, dass sie nicht verwelken. Sie werden gar nicht gegossen, wenn sie draußen stehen.

Spinnweb-Hauswurz

Nabelkraut

lebende Steine

Kalanchoe

Ein Weihnachtsgarten

Das ist zwar ein etwas künstlicher Garten, aber warum nicht? Er ist für das Weihnachtsfest gedacht und muss nicht viel länger halten. Seine »Blumen« hast du auf deinen Spaziergängen gesammelt: Tannenzapfen, Silberlinge (Mondviolen), die du abschälst, hübsche getrocknete Zweige mit farbigen Flechten und große Mengen verschiedener Moose.

Dekoriere den Korb.

Der Ständer für den Tannenbaum

Stecke im Garten einen Kreis mit einem Durchmesser von etwa 1 m ab. Grabe die Erde um und lege mit deinem Rechen ein regelmäßig gewölbtes Beet an. In die Mitte stellst du die Tanne. Auch wenn sie nicht sehr groß ist, solltest du sie mit einem Dreieck aus 3 Bambusstäben abstützen, das du fest am unteren Ende des Stammes befestigst. Schließlich kann es im Dezember heftig winden.

Der Boden

Bedecke den Boden vollständig mit Moos und anderen Pflanzen, die auch im Winter hübsche Blätter haben. Die Kleinblütige Königskerze, Gänseblümchen und Zweige von Stechpalme und Buchsbaum gehören dazu.

Eine perfekt dekorierte Tanne

Als Dekoration für die Tanne eignet sich nicht nur traditioneller Schmuck wie goldene und silberne Kugeln, Girlanden und kleine blinkende Lämpchen. Origineller ist ein Baum, den du mit Schätzen verschönern kannst, die du extra gesammelt hast. Kleine hübsche Dinge, die dir seit dem Beginn der Ernte im Oktober in die Hände gefallen sind. Den Boden rund um den Baum kannst du ebenfalls mit Silberlingen und kleinen Weideruten verzieren, die du in die Erde steckst.

Ein kleines Fest

Der Weihnachtsgarten ist kein richtiger Garten. Die Tanne hat keine Wurzeln, die Dekoration auch nicht. Aber dieser Garten ist lustig und ein Blickfang. Wenn dir deine Freunde beim Aufstellen und Schmücken geholfen haben, kannst du sie ja zu einem kleinen Fest einladen: die Einweihung des fertigen Weihnachtsgartens. Es gibt etwas zu essen und zu trinken und Musik. Bei Regen findet das Fest im Haus statt. Aber hoffen wir das Beste. Achtet aber darauf, das schöne Ergebnis eurer Arbeit weder zu zertrampeln noch zu beschädigen.

Ein Schneemann aus Kunstschnee

Es ist ja nicht sicher, dass an Weihnachten Schnee liegt. Ein Schneemann neben dem Tannenbaum wird daher für Verblüffung sorgen. Möglich wird das durch künstlichen Schnee, den du in einer Sprühdose im Fachhandel kaufen kannst.

❶ Stopfe 2 Plastiksäcke mit Stroh oder Schaumstoffchips voll: einen kleinen für den Kopf, einen größeren für den Körper.
❷ Spieße die beiden Säcke übereinander auf einen Holzstab, den du in den Boden gesteckt hast.
❸ Nachdem du den Schnee auf die Säcke gesprüht hast, kannst du den Schneemann dekorieren.

Gärten für drinnen

Egal, ob Blumensträuße oder Zimmerpflanzen – Grünpflanzen bringen ein Stück Natur und damit Farbe und Fröhlichkeit ins Haus. Sie blühen in einer Zeit, in der die Pflanzen im Garten noch nicht einmal die Nasenspitze aus dem Boden strecken.

40

Pflanzenpflege

Selbst die kleinste deiner Zimmerpflanzen braucht Aufmerksamkeit, damit es ihr gut geht. Schließlich befindet sie sich nicht in ihrer natürlichen Umgebung. Sie erlebt keine Jahreszeiten, keinen Regen, keinen Wind und keine Sonne mehr. Du musst ihr helfen, ja, sie verwöhnen, damit sie sich wohl fühlt.

Für jede den richtigen Platz

Pflanzen tun sich mit ständigen Standortveränderungen schwer. Der Platz, den du für sie aussuchst, sollte nach einer kurzen Probephase endgültig sein. Wenn du den Blumentopf von Zeit zu Zeit an diesem Standort drehst, bekommen alle Seiten der Pflanze gleichmäßig Licht. Der ausgewählte Standort sollte mindestens zwei Bedingungen erfüllen: Die Pflanze muss Licht und Wärme haben und sie sollte zur Geltung kommen.

Keine Pflanze kann in vollkommener Dunkelheit leben. Aber die robusteren überleben, auch wenn sie ihre Blätter abwerfen und aufhören zu wachsen. Wenn die äußeren Bedingungen sich verbessern, leben sie wieder auf.

Frische Luft schnappen

Pflanzen brauchen frische Luft, aber es reicht nicht aus,
bei schönem Wetter einfach das Fenster zu öffnen.
Stelle sie daher im Frühjahr möglichst ins Freie. Sei aber
vorsichtig: nur bei schönem Wetter – mindestens 20 Grad –
und in den Schatten. Sie können nachts draußen bleiben,
wenn das Thermometer nicht mehr unter 12 Grad sinkt.
Gewöhne sie langsam an die Sonne. Im Herbst
musst du Zimmerpflanzen ins Haus zurückholen.
Lass die Fenster einige Stunden lang geöffnet,
damit sie sich an den Aufenthalt in geschlossenen
Räumen wieder gewöhnen. Im Winter dürfen sie
auf keinen Fall ins Freie.

*Stelle die Zimmer-
pflanzen in den
Schatten.*

*Nimm sie
vorsichtig aus
dem Topf.*

Zunächst nimmst du die Pflanze aus dem Topf, indem du
diesen umdrehst und von außen beklopfst. Der Wurzelballen muss sich ohne Probleme herausnehmen lassen.

Umtopfen

Nach einem Jahr ist die kleine Pflanze, die du gekauft
hast, gewachsen. Ihre Wurzeln brauchen mehr Platz.
Umtopfen ist leicht, erfordert aber ein wenig
Sorgfalt. Das Umtopfen ist eine gute Gelegenheit,
um die Gesundheit der Pflanze zu prüfen. Wenn sie
beispielsweise Schädlinge unter den Blättern hat,
solltest du sie (im Freien) mit Insektenvernichter
besprühen.

*Verjünge die
Wurzelballen.*

*Fülle den
Topf auf.*

Danach schneidest du die Wurzeln zurück. Diese
sind am Topfboden oft stark verwachsen, sodass
du sie bedenkenlos kürzen kannst.

Schließlich setzt du die Pflanze in den neuen Topf. Gib zuerst
Blumenerde hinein, stelle die Pflanze darauf und fülle den
Topf vollständig mit Erde auf. Drücke sie gut an.

Die Blumenerde wechseln

Deine Pflanze sieht etwas schwächlich aus? Sie wächst und blüht nicht mehr? Wenn du sie korrekt gegossen und gedüngt hast und keine Krankheitsanzeichen sichtbar sind, kannst du versuchen sie mit neuer Erde aufzupäppeln.

Operation »neue Blumenerde«

Nimm die Pflanze aus ihrem Topf und schneide mit einem scharfen Messer das untere Viertel des Ballens ab: Wurzeln und Erde. Fülle neue Erde ein und stell die Pflanze zurück in den Topf. Vergiss das Gießen nicht. Eine andere Methode ist das Austauschen der Erde von der Oberfläche her. Dazu nimmst du mit einem Löffel etwa ein Viertel der Erde aus dem Topf, wobei du die Wurzeln unberührt lässt. Ersetze die verbrauchte Erde durch neue.

Ausgewogene Ernährung

Mehr als jede andere ist die Zimmerpflanze auf »Speis und Trank« angewiesen. Um sicherzustellen, dass sie genug Nahrung bekommt, solltest du ihr einmal pro Woche – beispielsweise am Sonntag vor dem Frühstück – mit dem Gießwasser eine kleine Menge wasserlöslichen Dünger geben.

Regenwasser

Regenwasser ist zum Gießen das beste Wasser. Allerdings sollte es nicht allzu sehr verschmutzt sein, wie das oft in Großstädten der Fall ist. Die Zimmerpflanzen bei Regen in den Garten zu stellen ist keine gute Idee. Oder hast du vielleicht Lust, nackt im Regen herumzulaufen? Besser ist es, Regenwasser in einem Gefäß aufzufangen und anschließend im Haus stehen zu lassen, bis es Zimmertemperatur hat. Stelle deine Blumentöpfe in eine Wanne, die Spüle oder in die Dusche und brause sie mit der Gießkanne von oben her ab. Lasse sie dann eine Stunde lang stehen, damit sie sich voll saugen können.

Vor dem Urlaub

Du kannst versuchen deine Zimmerpflanzen während der Sommerferien ins Freie zu stellen. Packe jeden einzelnen Topf in einen Plastiksack, in den du ein kleines Loch gebohrt hast. Stelle das Ganze in ein mit Wasser gefülltes Gefäß. Das Wasser dringt dann langsam ein, sodass die Blumenerde feucht bleibt. Um dich abzusichern, solltest du dieses System einige Tage vor der Abfahrt ausprobieren.

Stelle den Topf ins Wasser.

Gib etwas Stroh auf die Erde; es hält die Feuchtig-keit.

Grabe den Blumentopf in die Erde ein.

Der Topf sollte nicht mehr als zur Hälfte gefüllt sein.

Stich von oben einige Löcher in das Plastik, denn die Erde muss atmen können.

Eine karge Kost

Stelle die Blumentöpfe in den Schatten und grabe sie, wenn möglich, ein. Entferne alle Blüten und Knospen, damit die Pflanze ihre Kraft speichert. Gib ihr keinen Dünger. Es ist ganz gut, wenn sie während deiner Abwesenheit fastet.

Traurige Rückkehr?

Deine Lieblingspflanze hat während deiner Abwesenheit gelitten? Sie sieht aus, als wäre sie eingegangen? Wirf sie nicht gleich weg, sondern versuche sie zu retten. Entferne alle Blätter und kürze die Äste mit einer Gartenschere. Stelle den Topf in einen Eimer und fülle so viel Wasser hinein, dass die Erde knapp mit Wasser bedeckt ist. Nach 1 Stunde nimmst du den Topf heraus und lässt ihn etwas trocknen. Dann stellst du ihn in den Halbschatten. Diesen Vorgang wiederholst du 2 Wochen lang jeden Tag. Warte noch eine dritte Woche ab, bevor du dich entscheidest, die Pflanze aufzugeben. In dieser Zeit ist die Chance, dass die Pflanze noch mal treibt, gar nicht schlecht. Gerettet? Weiter verhätscheln!

Die Blätter wachsen wieder.

richtiger Wasserspiegel

Hyazinthen und Tulpen

Mitten im Winter sind die Tage kurz und der Himmel draußen ist grau. Einige Töpfe oder Schalen mit Hyazinthen, Tulpen oder Narzissen bringen Fröhlichkeit ins Haus.

Vom Garten ins Haus

Anfang Oktober nimmst du einen Blumentopf mit einem Durchmesser von 18 cm und füllst ihn zur Hälfte mit Blumenerde, der du etwas Sand beimischst. Pflanze rundherum 6 Zwiebeln (Hyazinthen oder Tulpen) und bedecke sie mit etwa 2 cm Erde. Mäßig gießen. Dann hebst du im Garten ein Loch aus, gibst einige Kieselsteine hinein, stellst den Topf darauf und füllst das Loch mit Erde auf. Der Topf sollte oben gerade noch herausschauen. Bedecke den Topf mit Stroh und Laub, wenn die Triebe aus dem Boden kommen.

Blütezeit *Anfang Januar*

Blumen mit Ausdauer

Anfang Januar gräbst du den Blumentopf aus, reinigst ihn und stellst ihn im Haus auf ein Fensterbrett, wenn möglich an einem Nordfenster. Die Blätter wachsen hier weiter. Wenn die Knospen sich entwickeln, stellst du den Blumentopf in einem hellen Zimmer an seinen endgültigen Standort. Die Tulpen oder Hyazinthen fangen hier an zu blühen. Sie halten sich besonders lang, wenn du sie über Nacht in einen kühleren Raum stellst.

Wenn die Blüten der Tulpen und Hyazinthen verwelkt sind, bringst du den Topf in den Garten, nimmst den ganzen Wurzelballen heraus und gräbst ihn ein, wenn möglich, ohne ihn zu zerbrechen. So können die Zwiebeln das Jahr über reifen und du kannst sie im nächsten Oktober wieder verwenden.

Narzissen

Sie gelten als robust und widerstandsfähig. Tatsächlich wären sie sonst verloren, denn sie sind im Garten häufig Morgenfrost und gelegentlich letzten Schneefällen ausgesetzt.

Narzissen zu Weihnachten

Narzissen sind einfach zu ziehen. Sie kommen in vielen Formen und Farben vor. Dennoch solltest du dich für eine Variante entscheiden. Zwiebelmischungen sind oft enttäuschend, da sie nicht gleichzeitig blühen.

Achte auf den Wasserspiegel.

❶ Fülle eine große Salatschüssel aus Glas mit sauberem Kies. Setze etwa 20 Narzissenzwiebeln so dicht nebeneinander, dass sie sich gegenseitig stützen und aufrecht stehen. Gieß dann so viel Wasser in die Schüssel, dass es die Zwiebeln nicht berührt.

Nun nimm sie heraus.

❷ Stelle die Schüssel 3 Wochen lang an einen dunklen und kühlen Ort wie zum Beispiel auf den Boden eines Kleiderschrankes. Kontrolliere von Zeit zu Zeit den Wasserstand. Nach dieser Zeit haben die Zwiebeln Wurzeln gebildet, die bis ins Wasser reichen.

Blütezeit Dezember - Januar

❸ Jetzt muss die Schüssel ans Tageslicht und in die Wärme! 5 Wochen später stehen die Narzissen in voller Blüte!

Rechenbeispiel: Um die Narzissen an Weihnachten bewundern zu können, musst du die Zwiebeln 8 Wochen vorher, also um den 25. Oktober, setzen.

Amaryllis

Die Zwiebel dieser großen Blume mit dem lateinischen Namen *hippeastrum* ist ziemlich dick. Deshalb reicht eine Zwiebel in der Farbe deiner Wahl pro Topf aus.

Die Zwiebel wächst

Pflanze deine Zwiebel so in den Blumentopf, dass ein Drittel über der Erde sichtbar bleibt. Stelle den Topf in die Sonne oder zumindest direkt ins Tageslicht. Die Zwiebel wird sehr rasch anfangen zu wachsen. Drehe den Topf jeden Tag ein kleines Stück, damit der Stängel, der zum Licht hin wächst, gerade bleibt. Sobald die erste Knospe aufgegangen ist, solltest du den Topf aus der Sonne nehmen. Stelle ihn außerdem über Nacht in einen kühlen Raum.

Die Zwiebel aufheben

Damit die Zwiebel im nächsten Jahr wieder schöne Blüten hervorbringt, musst du den Stängel nach der Blüte abschneiden und den Wurzelballen in einen größeren Topf umpflanzen. Nun entwickeln sich die Blätter und Wurzeln. Alle 2 Wochen solltest du sie mit Flüssigdünger gießen. Sobald die Blätter gelb werden, hörst du auf zu gießen, denn dann ruht die Pflanze.

Blütezeit
Januar - Februar

Der Lebenszyklus der Amaryllis

3 bis 4 Blüten-knospen

• Im Winter »schläft« die Zwiebel; sie wird an einem trockenen Ort gelagert.

• Zu Beginn des Frühjahres entwickelt sich der Stängel bzw. der Blütenschaft.

• Nach 20 bis 30 Tagen öffnen sich die Blüten.

• Im Herbst werden die Blätter gelb und sterben schließlich ab.

Gloxinien

Gloxinien gibt es in allen möglichen Farben. Du kannst zwischen roten, weißen, violetten und zweifarbigen Pflanzen auswählen, je nachdem, welchen Standort du für sie ausgesucht hast.

Die Zwiebel richtig platzieren

Die Zwiebel weist eine Vertiefung auf, die beim Einpflanzen nach oben schauen muss. Die rundliche Seite zeigt nach unten. Die Zwiebel sollte nur wenig aus der Erde herausschauen. Gieße kein Wasser in die Vertiefung der Zwiebel, denn sie würde verfaulen.

richtige Seite

Blütezeit
Juli - August

Die Blüte der Gloxinie

Das Einpflanzen der Gloxinie kannst du bereits im Februar vornehmen. Zuerst wachsen die Blätter. Wenn diese etwa 5 cm hoch sind, wird es Zeit, die Pflanze in helles Tageslicht zu stellen, aber nicht in die Sonne. Die üppige Blüte erstreckt sich von Juni bis August, besonders wenn du immer etwas Flüssigdünger ins Gießwasser gibst. Wenn die Blätter gelb werden und absterben, nimmst du den Knollen heraus und legst ihn an einen trockenen und kühlen Ort. Er blüht 3 Jahre nacheinander.

Grünlilien

Die Engländer gaben ihr den Namen »Spinnenpflanze«. Ihre Besonderheit besteht darin, kleine Stängel zu entwickeln, an denen wie bei den Erdbeeren zahlreiche Jungpflanzen sprießen.

Kinderstube

Egal, ob es sich um einen jungen Setzling (gekauft) oder um einen Ableger (geschenkt) handelt, pflanze ihn in einen Blumentopf mit 18 cm Durchmesser. Wenn du ihn aufmerksam pflegst, werden die Ausläufer nicht lange auf sich warten lassen, an deren Enden kleine Nachbildungen der Mutterpflanze baumeln. Was du mit diesen machen sollst? Lasse sie in einem Gefäß mit Wasser oder Blumenerde Wurzeln schlagen und verteile die neuen Pflanzen in Haus und Garten. Am besten dekorierst du damit eine hoch gelegene Ecke, denn von hier aus fallen die Ableger wie ein Wasserfall herab.

Ein kleiner Spaß

Man kann mogeln, ohne unredlich zu sein. Hier ein Beweis: Zwischen dem Ampelkraut und dem Frauenhaarfarn gräbst du einen kleinen Glasflakon ein, den du mit Wasser füllst. Stell zwei einfache Blumen wie Anemonen oder Margeriten hinein und fertig ist deine Blühpflanze. Eure Gäste werden überrascht sein, an diesen Grünpflanzen Blüten zu sehen!

Ableger entwickeln sich als völlig neue Pflanzen am Ende längerer Stängel, die aus der Pflanze herauswachsen.

Frauenhaarfarn und Ampelkraut

Diese genügsamen Pflanzen sollte man nicht gering schätzen, auch wenn sie etwas traurig aussehen können. Sie eignen sich sehr gut, um dunkle Ecken zu verschönern, in denen nichts anderes wachsen würde, und um etwas Grün in Bereiche zu bringen, die ansonsten kahl blieben.

Eine glückliche Verbindung

Die weichen und schnell wachsenden Zweige des Ampelkrautes hängen herab. Der kleinblättrige Frauenhaarfarn dagegen richtet seine zarten und geschwungenen Farnwedel auf. Dennoch haben sie dieselben Bedürfnisse: Wasser, aber nicht zu viel, Licht, aber nicht übermäßig, einen nicht zu kalten, nicht zu warmen Standort.

Das Zusammenleben

Die beiden Pflanzen bringen sich gegenseitig zur Geltung und ergänzen sich hinsichtlich der Wuchshöhe perfekt. Der Frauenhaarfarn wächst elegant nach oben, während das Ampelkraut sein üppiges Blattwerk weich herabfließen lässt.

Mit Pflanzen sprechen

Ob Pflanzen auf Worte reagieren? Schwierig zu beweisen. Ihre einzige Ausdrucksmöglichkeit besteht darin, zu wachsen und aufzublühen. Vielleicht sagst du zu einer deiner Pflanzen: »Du bist echt prima«, und hast den Eindruck, dass sie sich vor Freude ausstreckt. Eine andere scheint sich aufzurichten, wenn du sagst: »Du lässt ja den Kopf hängen, geht es dir nicht gut?«

Ein Fuchsienbaum

Eine Fuchsie so zu ziehen, dass aus ihr ein Bäumchen wird, ist eine aufwändige, aber interessante Beschäftigung. Und das Resultat ist wirklich originell. Die Pflanze ist nach einem Jahr nur 1 m hoch, hat aber die Form und Gestalt eines echten »Baumes«.

Erste Schritte

Egal, ob du eine gekaufte Pflanze oder einen Steckling verwendest – pflanze sie in einen Blumentopf von 12 cm Durchmesser, der mit Zuchterde gefüllt ist. Einmal pro Woche gießt du sie mit Flüssigdünger. Nach und nach entfernst du die Triebe, die sich an den Blattachseln bilden. Binde den Stamm an einer Stütze fest.

Blütezeit Juni - November

entfernen

stehen lassen

entfernen

❶ Wenn die Pflanze etwa 30 cm hoch ist, zwickst du den Haupttrieb ab und lässt einen jungen Trieb an der Blattachsel des letzten Blattes stehen: Das ist der schwierige und alles entscheidende Moment. Diesen jungen Trieb lässt du weiterwachsen und bindest ihn an die Stütze. Vorsicht ist geboten, denn er ist sehr empfindlich. Setze die Fuchsie dann in einen größeren Topf.
❷ Entferne weiterhin die anderen jungen Triebe und lasse nur den einen jungen Zweig wachsen, bis er 50 cm hoch ist.

Diesen Trieb stehen lassen.

Diesen Trieb stehen lassen.

❸ Zwicke den Trieb dann ab und lasse 2 neue Triebe aus den Blattachseln wachsen. Wenn diese 4 Blätter haben, zwickst du die Spitze des Zweiges ab.

Was für ein Ergebnis nach nur 2 Jahren!

Stamm

Stütze

❹ Lasse bei den anderen Trieben ebenfalls 4 Blätter wachsen und zwicke die Spitze des Zweiges ab. Nach dreimaligem Wiederholen dieses Vorgangs lässt du das Bäumchen in Ruhe, sodass es nach Belieben weiterwachsen kann. Achte darauf, dass sich keine neuen Triebe am Stamm entwickeln.

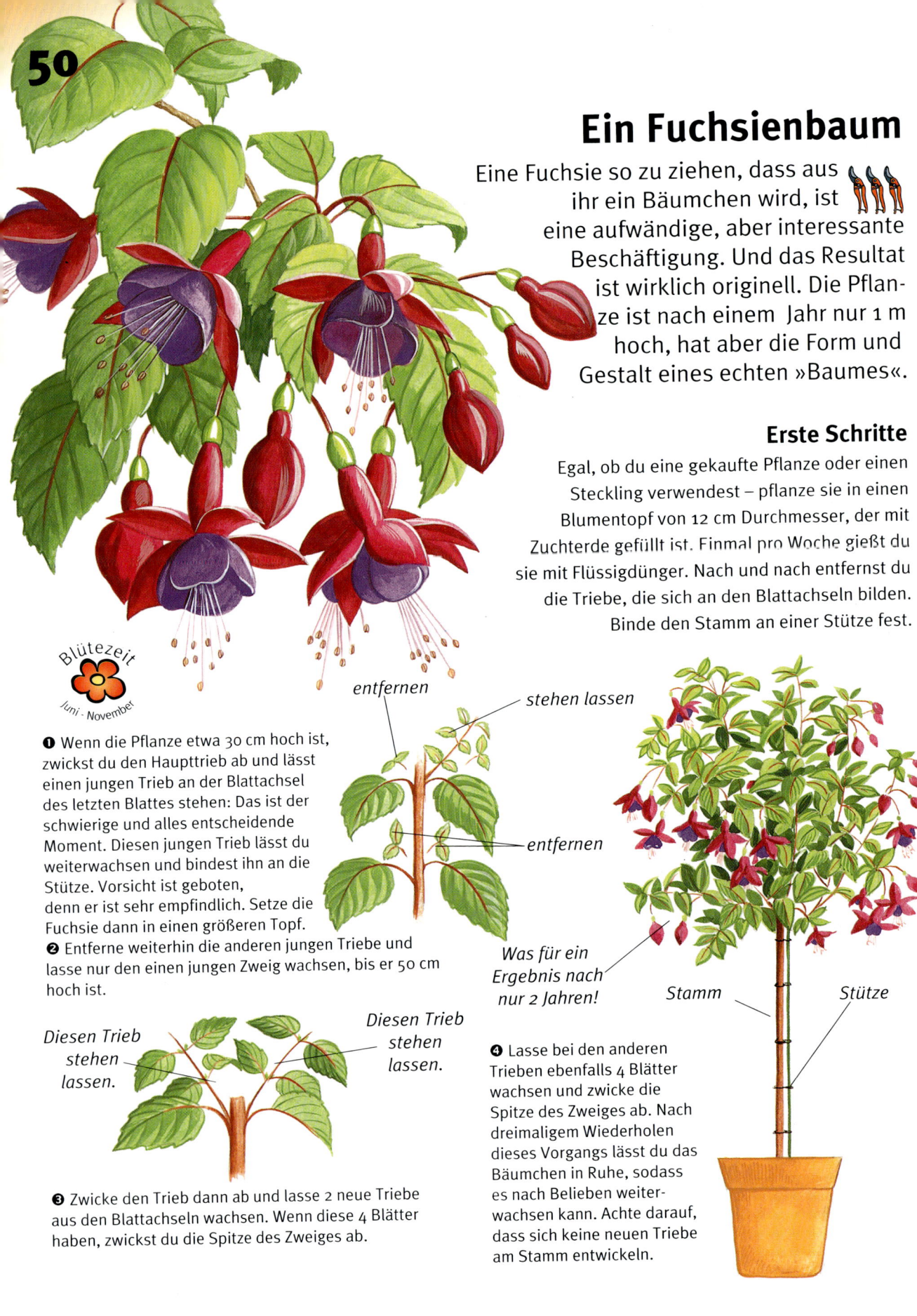

Goldgefleckte Efeutute

Du hast sie als kleines und bescheidenes Pflänzlein in einem Topf gekauft, die Efeutute, mit ihren grünen, in Gelb oder Weiß marmorierten Blättern. Du hast sie an den für sie bestimmten Platz gestellt, gießt sie regelmäßig und schnell beginnen ihre Äste länger zu werden. Du stellst sie oben auf ein Regal und ihre dicht mit Blättern besetzten Äste hängen hübsch herab, bis sie auf dem Boden ankommen und ihre unaufhaltsame Wanderschaft fortsetzen.

Wandschmuck

Die beste Lösung ist, die Efeutute am Boden in einem ausreichend großen Topf (Durchmesser etwa 22 cm) zu halten und an einer Wand hochklettern zu lassen. Um sie festzumachen, kannst du im Putz kleine Nadeln anbringen und die Äste darüber hängen. Das ist am einfachsten. Du kannst auch mit einer Häkelnadel eine oder mehrere (wenn es mehrere Zweige gibt) Baumwollkordeln häkeln und in der gewünschten Richtung anbringen. Eine derart gebändigte Efeutute lässt sich viel gefallen, ohne ihr raumgreifendes Wachstum einzustellen.

reizvoll gemasertes Blatt

Abzwicken: Du kannst die weiche Spitze eines Triebs zwischen Daumennagel und Zeigefingerspitze abzwicken.

Die unsichtbare Kordel

Im Fachhandel findest du unsichtbaren Faden, aber vielleicht ziehst du ja bunten Faden vor und machst die Kordel zu einem Teil der Dekoration? Mache zuerst ein kleine Schlaufe. Halte sie zwischen Daumen und Zeigefinger und lege den Faden über den Zeigefinger. Fahre dann mit der Häkelnadel durch die Schlaufe und unter den Faden. Ziehe diesen durch die Schlaufe, sodass eine neue Schlaufe entsteht. Dadurch entsteht nach und nach eine gehäkelte Kordel.

die richtige Haltung

Häkelkordel

Azaleen

Azaleen gibt es in zahlreichen Varianten, die allesamt viele Qualitäten aufweisen. Sie blühen im Winter, haben eine lange Blütezeit und können am Nordfenster stehen. Außerdem erfreuen sie uns viele Jahre nacheinander mit ihren Blüten.

Besondere Pflege

Azaleen mögen eines überhaupt nicht: Kalk! Daher brauchen sie eine besondere »Heideerde« und entkalktes Gießwasser. Ihre Wurzeln lieben Feuchtigkeit, leiden jedoch unter übermäßiger Nässe. Am besten stellst du den Blumentopf auf einen Unterteller voller Kieselsteinchen. Auch direkte Sonne tut Azaleen nicht gut, besonders wenn sie durch eine Glasscheibe brennt. Am liebsten verbringen sie die Nacht in einem ungeheizten Raum.

Blüte

Januar - Mai

Die verschiedenen Farben der Azalee

Azaleen aufbewahren

Sofort nach der Blüte solltest du die Azalee in einen größeren Topf umpflanzen und neue Spezialerde hinzugeben. Gieße jede Woche und gib ihr etwas Dünger, der für Blühpflanzen geeignet ist. Im Mai musst du sie ins Freie stellen: auf einen Nordbalkon oder in den Garten, wo du den Topf eingraben solltest.

Um kalkfreies Gießwasser zu bekommen, musst du Leitungswasser abkochen. Der Kalk setzt sich dann im Topf ab. Gieße nicht zu oft und mische so oft wie möglich Regenwasser dazu.

Alpenveilchen

Das attraktive Alpenveilchen von der Fensterbank ist der Vetter des wilden Alpenveilchens. Es blüht zur selben Zeit, aber länger. Seine Farben sind vielfältiger und die Blüten größer.

Kein Wasser auf die Blätter

Das Alpenveilchen blüht den ganzen Winter, braucht aber besondere Pflege. Die Pflanze liebt das Licht, darf aber niemals in der direkten Sonne stehen. Die Menge des Gießwassers hängt von der Temperatur des Zimmers ab, in dem sie steht: zweimal pro Woche, wenn die Temperatur unter 20 °C beträgt. Gieße dein Alpenveilchen am Morgen, indem du den Unterteller füllst, sodass die Erde sich voll saugen kann. Achte darauf, dass kein Wasser übrig bleibt. Gib jede Woche etwas wasserlöslichen Dünger in das Bad.

Blüte

Oktober - April

Blüten für den nächsten Winter

Nach der Blütezeit hörst du auf zu gießen. Die Blätter werden gelb und vertrocknen; die Knolle tritt in die Ruhephase ein. Ende Juni pflanzt du sie in frische Erde, stellst den Topf in den Schatten und gießt regelmäßig, aber nicht zu viel. Gib jede Woche etwas Dünger hinzu. Hole den Topf im Oktober wieder herein.

Die Wahl des Alpenveilchens

Suche eine Pflanze aus, die wenig Blüten, aber zahlreiche Knospen hat. Prüfe auch den Gesundheitszustand der Blätter. Wenn sie gelb und weich oder die Blattstiele verfault sind, solltest du vom Kauf absehen.

Eine magische Verbindung

Dein Großvater hat dir bereits erklärt, wie schwierig es ist, erfolgreich zu pfropfen. Er weiß das von den Bäumen und den Rosen, die er durch das Pfropfen veredelt. Ihm gelingt das angeblich immer. Probiere es einfach selber aus, du wirst ihn verblüffen.

So wird gepfropft

Hier geht es darum, einen Zweig vom Weihnachtskaktus (*Schlumbergia*) auf einen anderen Kaktus (zum Beispiel einen Feigenkaktus) zu pfropfen. Der Juni ist der beste Monat dafür. Suche dir einen Feigenkaktus als »Unterlage«, der möglichst keine Stacheln hat. Wenn du nur einen Ableger ohne Wurzeln hast, musst du ihn erst einmal einpflanzen und warten, bis er Wurzeln bekommen hat und etwas gewachsen ist. Wenn er etwa 40 cm hoch ist, kannst du ihn verwenden.

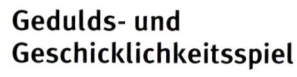

Blütezeit
Dezember - Januar

Geduld- und Geschicklichkeitsspiel

❶ Schneide mit dem Teppichmesser das Blatt des Feigenkaktus ein. (Vorsicht! Verletze dich nicht.) Der Schnitt muss so groß wie das zugeschnittene Pfropfreis sein.

Einschnitt

platziertes Pfropfreis

neues Blatt

❷ Schiebe das Pfropfreis vom Weihnachtskaktus in den Schnitt, es wird von selber halten. Berühre es einige Tage lang nicht.

❸ Stelle die Pflanze so lange an einen windgeschützten Schattenplatz, bis das Pfropfreis etwas größer geworden ist. Nach 3 Wochen sollte es angewachsen sein.

❹ Am Feigenkaktus werden noch weitere Blätter wachsen. Sobald sie eine gewisse Größe erreicht haben, kannst du weitere Pfropfreiser anbringen. Dadurch verwandelt sich der Feigenkaktus in eine verblüffende Blütenpflanze.

Ein Papyrus kopfüber

 Sicher, du kannst eine junge Papyruspflanze, die eigentlich Zyperngras heißt, kaufen, ohne dich zu ruinieren. Interessanter ist es jedoch, sie selbst zu ziehen.

Mit der Lupe überwachen

Lasse dir einen Papyrusstängel mit Blättern geben. Stelle ihn mit dem Kopf nach unten in einen mit Wasser gefüllten Glasbehälter, der im Licht steht (nicht aber in der prallen Sonne). Nach wenigen Tagen kannst du schon die ersten Wurzeln nach unten, die ersten grünen Spitzen nach oben wachsen sehen.

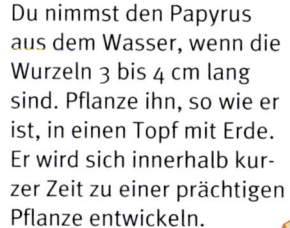

Du nimmst den Papyrus aus dem Wasser, wenn die Wurzeln 3 bis 4 cm lang sind. Pflanze ihn, so wie er ist, in einen Topf mit Erde. Er wird sich innerhalb kurzer Zeit zu einer prächtigen Pflanze entwickeln.

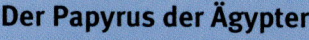

bereit zum Einpflanzen

Der Papyrus liebt das Wasser

Seine natürliche Umgebung sind Sümpfe, wie sie zum Beispiel am Ufer des Nils zu finden sind. Damit er sich in seinem Topf wohl fühlt, solltest du diesen auf einen Untersetzer stellen, der immer voller Wasser ist. Gib ab und zu ein wenig Dünger hinein.

Der Papyrus der Ägypter

Gib dir keine Mühe, aus deinem Papyrus Papier herzustellen, denn das führt zu nichts. Die Papyruspflanzen der Ägypter waren nämlich 3 m hoch und hatten armdicke Stängel. Sie wuchsen am Ufer des Nils und in den Sümpfen des Nildeltas. Mit den Fasern dieser besonderen Papyruspflanzen stellten die Ägypter eine Art Papier her (das Wort Papier kommt vom lateinischen *papirus*). Jahrhundertelang haben sie – in griechischer Sprache – auf diesem Papier geschrieben. Archäologen haben im Sand tausende dieser Papyri gefunden, die dank des trockenen Klimas erhalten geblieben sind. Sie liefern, mehr noch als die Hieroglyphen, Informationen über das tägliche Leben im alten Ägypten.

Ein Kürbis auf dem Balkon

Dekorativ, robust und leicht auf dem Balkon zu ziehen – der Riesenkürbis hat viele Qualitäten! Wenn sein hübsches Blätterkleid durch die Kälte bereits verwelkt ist, kannst du ihn abschneiden und ins Haus holen. Stellst du ihn auf ein Regal, belebt er eure Küche mit seinen orangeroten Wangen. Am besten beendet er seine glorreiche Laufbahn in einem schmackhaften Eintopf.

Der Einzug des Riesenkürbis

Stelle einen ausreichend (etwa 40 cm Durchmesser) großen Kübel an die Nordseite des Balkons. Die Triebe der Pflanze wachsen naturgemäß nach Süden. Fülle den Topf mit guter Blumenerde. Der Balkon sollte viel Wärme und wenig Wind abbekommen.

Die Aussaat

Nach den letzten Frösten, also Ende April, Anfang Mai, säst du 4 bis 5 Samenkörner der Sorten »St. Martin« oder »Muscade de Provence« aus. Halte die Erde feucht. Um das Wachstum zu beschleunigen, kannst du die Erde mit einer Plastikfolie abdecken, die du in den warmen Stunden des Tages abnimmst, sobald die ersten Triebe sichtbar sind. Wenn die Pflanzen 2 Blätter haben, suchst du die schönste aus und schneidest die anderen mit der Schere ab.

junges Blatt

Ranke

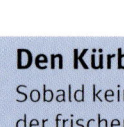

Den Kürbis ernähren

Sobald kein Frost mehr zu fürchten ist, lässt du den Kürbis in der frischen Luft wachsen. Sein Stiel wird dann immer länger, die Blätter breiten sich aus und mit Hilfe der Ranken hält er sich fest (ansonsten nachhelfen). Von diesem Zeitpunkt an darf die Erde in seinem Topf nicht mehr austrocknen. Im Juni fängst du an zu düngen und gibst ihm bis in den September alle 14 Tage 2 Düngerstäbchen.

Blüten und Früchte

Die ersten Blüten, die erscheinen, sind männliche Blüten.
Die weibliche Blüte erkennst du leicht an dem bauchigen
Fruchtstand, auf dem die Blüte sitzt. Sie wird von Insekten angeflogen und befruchtet. Wird diese erste Frucht
heranreifen? Das ist nicht sicher. Sie kann plötzlich gelb
werden und herabfallen. Aber mache dir keine Sorgen,
bald wird sich aus einer anderen Blüte eine neue
entwickeln. Der Kürbis wird groß werden, sodass du
ihn vielleicht mit einem
Brett abstützen musst.

männliche Blüte

*geschlossene
weibliche Blüte*

Fruchtknoten

*ein schöner, reifer
Kürbis*

Den Riesenkürbis pflegen

Der Riesenkürbis ist trotz seines Namens ein empfindliches
Geschöpf. Du musst ihn vor Krankheiten und besonders vor
Mehltau schützen, der seine Blätter mit einem weißen Filz
bedeckt. Das ist nicht lebensbedrohlich, aber hässlich. Am
besten spritzt du, sobald sich die ersten Blätter entfalten,
alle 3 Wochen zur Vorbeugung ein entsprechendes Mittel.

Kürbis-Schnitzereien

Der Kürbis hat allem Anschein nach
etwa die Hälfte seiner Endgröße
erreicht? Das ist der richtige Moment,
um eine Schnitzerei anzubringen.
Mit einer dünnen Spitze fertigst du
eine Zeichnung nach Wahl an: Buchstaben, eine geometrische Form, ein
Gesicht . . . Nach und nach wird sie
immer größer, während die Striche
durch die Narbenbildung immer
dicker werden und hervortreten.

Blumentiere und Tillandsien

Blumentiere sind Pflanzen, die gezogen und in Form geschnitten wurden, um eine Art Skulptur zu bilden. Richtige Liebhaber dieser Kunst verwenden im Allgemeinen Buchsbaum. Aber du kannst dich zunächst auch mit einfachem kleinblättrigem Efeu beschäftigen.

Zuerst: die Stecklinge

Besorge dir zunächst einige Efeustecklinge und pflanze sie dicht nebeneinander in einen Blumentopf. Lasse sie auf eine Länge von 30 bis 40 cm heranwachsen. Dann kannst du sie verwenden.

Das Gestell basteln

Du musst stabilen Eisendraht verwenden, der so hart ist, dass du ihn drehen und festmachen kannst. Lasse dir dabei ruhig helfen.

Hasenprofil

❶ Zuerst bildest du eine ovale Schlinge für die Grundform. Befestige hintereinander zwei Bögen daran. Darüber spannst du ein weiteres Stück Eisendraht, das die Form eines Hasen hat. Mache dieses Profil an der Grundform und den Bögen fest.

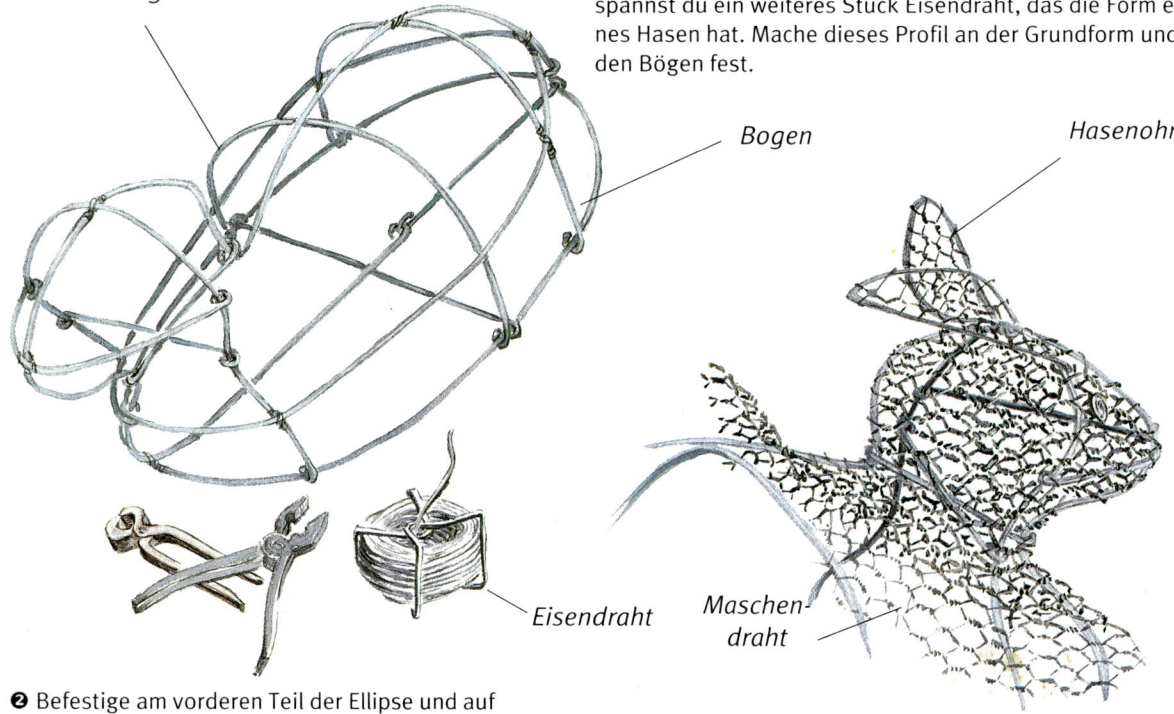

Bogen

Bogen

Hasenohr

Eisendraht

Maschendraht

❷ Befestige am vorderen Teil der Ellipse und auf dem Draht, der den Kopf bildet, einen weiteren länglichen Bogen. Mit einem kleinen Drahtbogen umspannst du den Kopf auf der unteren Seite.

❸ Überziehe das Drahtskelett mit einem feinen Gitternetz. Zum Schluss fixierst du die Enden des Drahtes und stellst das Gebilde auf die Blumenerde über die Efeupflanzen.

Ein Efeuhase

Nun ziehst du die jungen Efeuranken durch das Drahtgitter, sodass es möglichst von ihnen bedeckt wird. Damit die Hasenform gut sichtbar bleibt, sollte der Efeu möglichst gleichmäßig wachsen. Entferne deshalb überlange und ungünstig wachsende Ranken ebenso wie verwelkte Blätter.

Tillandsien

Diese Pflanzen leben im tropischen Regenwald auf Bäumen. Im Haus kannst du ihnen einen Lebensraum bieten auf . . . gar nichts! Sie sehen vertrocknet aus und dennoch blühen sie. Du kannst Besucher überraschen, wenn du eine Tillandsia an einem unsichtbaren Faden (Angelschnur) aufhängst. Aber es gibt noch viele andere Möglichkeiten, diese Pflanzen zur Geltung zu bringen.

Du kannst sie auch an einem schön geformten Stück Holz befestigen.

Du kannst sie in eine große Muschel kleben.

Sich selbst überlassen, überlebt eine Tillandsia nicht lange. Im Regenwald bekommt sie jeden Tag Feuchtigkeit ab. Du musst sie daher regelmäßig mit Wasser besprühen.

Den Garten vorbereiten

Die Erde ist ein Schatz, tausendmal umgegraben, beackert und mit Samen versehen, der dir alles dankt, was du ihm Gutes tust. Aus der Erde wachsen junge Triebe, auf die du wartest. Was macht es schon, wenn sie bei Regenwetter an den Schuhen klebt oder wenn der Mist nicht gut riecht? Die Erde ist dein Freund und du liebst sie.

Gute Erde

Pflanzen leben durch ihre Wurzeln, die
immer weiterwachsen und sich
teilen. Im Boden breiten sie sich auf
der Suche nach Nährstoffen in alle
Richtungen aus. Je durchlässiger
und leichter die Erde ist, desto besser
erfüllen sie ihre Aufgabe. Die Grund-
lage eines schönen Gartens ist
immer ein guter Boden.

In guter Erde können alle Pflanzen gedeihen.

Die Krume begutachten

Nimm einen Klumpen Erde in die Hand und versuche
ihn zu zerbröseln. Entweder er zerfällt in kleine
Krümel oder er ist hart wie Stein. Die oberste Boden-
schicht des Gartens heißt auch Krume. Damit die
Wurzeln sich wohl fühlen, ist es wichtig, dass die
Erde Luft und Wasser durchlässt. Eine gute Krume
besteht aus etwa erbsengroßen Krümeln. Der
Gärtner bearbeitet und reichert sie so an, dass diese
Krümel weder zu grob noch zu fein, nicht zu trocken
oder zu nass und weder hart noch staubig sind.

Lockere Erde lässt sich leicht zerreiben.

Schwere Erde bildet Klumpen.

In lockerer Erde gedeihen Karotten sehr gut.

Die Erde ist zu schwer: Der Lauch entwickelt sich nicht gut.

Umgraben lernen

Um die Krume zu bewegen und bei Bedarf zu zerkleinern, gräbt man sie um. Das richtige Werkzeug dafür ist eine Grabegabel. Senke sie bis zum Ende der Zinken in den Boden und drücke dann den Stiel als Hebel herunter, sodass die Erde aufbricht und du sie herausheben kannst. Nun wird die Krümelstruktur sichtbar. Der Dünger, den du zuvor verteilt hast, fällt in die Furchen. Der Boden nimmt die vom Regen gelösten Nährstoffe auf. Gehe beim Umgraben rückwärts und achte darauf, immer nur einen Streifen von 5 bis 10 cm zu bearbeiten. Wenn du einmal pro Jahr, im Herbst, umgräbst, reicht das völlig aus.

Der Griff dient als Hebel.

Grabegabel

Drück die Gabel tief in den Boden.

Harke mit 4 Zinken

Betrachte die Erde genau, wenn du umgräbst. Es tauchen Kieselsteine auf, die du aussortierst, oder große Klumpen, die du zerbrichst. Larven nimmst du heraus; die langen Wurzeln einer Winde reißt du heraus. Zögere nicht, dich oft zu bücken – dein Rücken wird sich mit der Zeit daran gewöhnen.

Harken, um zu lüften

Indem du die Erde harkst und rechst, sorgst du dafür, dass sie von der Oberfläche her belüftet wird. Man verwendet dazu eine gebogene Gabel mit 4 Zinken. Drück die Zinken in den Boden und bewege das Werkzeug dann vor und zurück, sodass die Erde aufgelockert, aber gleichmäßig verteilt wird. Dadurch wird auch die Krümelstruktur des Bodens verbessert. Diese Arbeit ist nicht so anstrengend, wenn die Erde schon gut vorbereitet ist. Du siehst sofort das Ergebnis: eine ebene Fläche, sauber und ordentlich, die nur darauf wartet, bepflanzt zu werden.

Eine Hacke ist zum Jäten sehr gut geeignet.

Eine scharfe Hacke

Wenn es stark regnet, klumpt die Erde zusammen. Eine Art Kruste entsteht, die die Erde undurchlässig für Luft und Wasser macht. Diese Kruste musst du mit der Hacke aufbrechen. Sie muss gut geschärft sein, denn die Erde soll nicht von der Stelle bewegt werden. Aber Achtung: Eine scharfe Hacke kann den jungen Pflänzchen, deinen Schützlingen, gefährlich werden. Passe auch auf, dass du dich nicht verletzt. Schon nach einem kurzen Einsatz der Hacke siehst du den Unterschied. Die Erde ist eine echte Augenweide für jeden Gartenfreund – und ganz ohne Unkraut.

Stroh und Blätter

Im Wald ist die Erde niemals vollständig freigelegt. Laub und Unterholz schützen sie sowohl vor den Sonnenstrahlen als auch vor der Erosion durch Regenfälle. Weshalb nicht auch die Erde in deinem Garten schützen und dabei der Natur nacheifern? Du kannst beispielsweise das abgemähte Gras der Wiese dazu verwenden. Nimm einige Hände voll und verteile es zwischen den Pflanzen. Mache die Schicht nicht zu dick, damit der Boden noch feucht wird. Nach und nach verrottet das schützende Gras und düngt die Erde.

Schütze die Erde mit dem abgemähten Gras.

Wohin mit deinen Füßen?

Überall, wo du deine Füße hinsetzt, trittst du die Erde fest. Das ist nicht gut, denn der Boden muss durchlüftet sein. Was tun? Auf den Händen laufen? Versuche zunächst so wenig wie möglich auf den vorbereiteten Beeten zu laufen. Wenn du einmal stehst, machst du so viele Handgriffe wie möglich, ohne den Standort zu wechseln. Und gewöhne dir an beim Arbeiten rückwärts zu gehen. Du kannst beispielsweise ein 50 cm langes und breites Stück Boden vor dir rechen und hacken und dann einen großen Schritt zurückmachen. So entstehen keine Fußabdrücke und keine Klumpen.

Bewege dich beim Arbeiten rückwärts.

Ein Trampelpfad ist ein provisorischer Weg, der etwa einen Fuß breit ist (30 cm). Man verwischt ihn wieder, wenn er nicht mehr gebraucht wird.

Der richtige Moment

Der alte Gärtner an der Ecke hat dir folgenden Tipp gegeben: »Achte bei der Gartenarbeit darauf, nicht ohne Ziel und in alle möglichen Richtungen vorzugehen!« Das hast du verstanden. Außerdem hat er gesagt: »Suche dir für die Gartenarbeit den richtigen Zeitpunkt aus.« Was meint er damit? »Ich«, brummelst du, »ich arbeite, wenn ich Zeit habe . . .« Aber denk mal nach: Wenn du den Boden direkt nach einem Regen bearbeitest, klebt er am Werkzeug und klumpt. Ist der Boden sehr trocken, lassen sich die harten Krümel nicht zerbröseln. Deshalb musst du den richtigen Moment erwischen, auch wenn das heute ist und nicht morgen. Die Arbeit ist leichter und gelingt besser.

Die Werkzeuge

Hacken, umgraben, harken, rechen – das
sind die alltäglichen Arbeiten im Garten. Sie
sind nicht schwierig oder anstrengend,
wenn du das richtige Werkzeug dazu hast.
Die Handhabung des Werkzeugs lernst du
schnell. Beobachte die Bewegungen des
Gärtners. Sie sind langsam, gleichmäßig
und fließend. Die Haltung des Körpers,
der Hände und der Arme müssen sich
dem Einsatz des Werkzeugs anpassen.

Gabel mit
4 Zinken

Rübenhacke
(12 cm)

Minischaufel

Grabegabel

Gießkanne

Minihacke

Krail

Pflanzholz

Spaten

Schaufel

Rode-
hacke

Rechen

Schubkarre

Zerstäuber

Gutes Werkzeug

Nicht alle Werkzeuge sind gleich gut. Manche »arbeiten« besser als andere. Die Haltbarkeit, das Gewicht, die Qualität des Griffs und des Metalls können, je nach Hersteller, unterschiedlich sein. Die besten Werkzeuge sind meist etwas teurer. Aber diese Ausgabe lohnt sich, denn sie erleichtert das Arbeiten. Bitte darum, mit gutem Werkzeug arbeiten zu dürfen. Denn mit verbogenen und verrosteten Geräten bringst du kein vernünftiges Ergebnis zu Stande.

Unbedingt reinigen!

Pflege der Geräte

Gartengeräte nächtigen nicht gerne im Freien. Sobald du eine Arbeit beendet hast, solltest du sie wegräumen, auch wenn du vorhast in den Garten zurückzukommen. Werkzeug, das aus gutem Holz und Stahl gemacht ist, zeigt kaum Verschleiß. Es wird aber stumpf und rostet. Damit die Schneide scharf bleibt, muss sie geschliffen werden. Gegen den Rost gibt es nur ein Mittel: Sauberkeit. Nach jedem Gebrauch säuberst du deshalb die Geräte. Ein Lappen im Schuppen erinnert dich an die unverzichtbare Reinigung.

Vorsicht mit dem Rechen!

Der Rechen, dieser harmlose Gegenstand, kann dir üble Streiche spielen. Lehnt er an einer Mauer oder liegt mit den Zinken nach oben auf dem Boden, kann es passieren, dass du beim Vorübergehen darauf trittst. Sein Stiel schnellt dann urplötzlich hoch und…

peng! Schon hast du einen heftigen Schlag vor den Kopf eingesteckt. Aber ärgere dich nicht, sondern lache darüber und nimm dir vor, den Rechen in Zukunft richtig aufzuräumen. Noch gefährlicher sind die Harke und die Gabel. Tritt man auf ihre Zinken, können tiefe und böse Wunden die Folge sein. Wenn du diese Geräte nicht sofort wegräumst, musst du sie unbedingt nach dem Gebrauch mit den Zinken nach unten auf den Boden legen.

Zerbrochene Stiele

Stiele von Gartengeräten kann man nur abbrechen, wenn man es darauf anlegt! Denn eigentlich sind sie sehr stabil. Ihre Festigkeit kann jedoch nachlassen, wenn sie immer wieder feucht werden. Sie können auch brechen, wenn sie falsch verwendet werden. Stößt du auf eine dicke Wurzel und versuchst sie mit der Hacke, die du gerade in der Hand hast, zu durchtrennen, ist das Malheur schon vorprogrammiert. Die Tatsache, dass du zu faul warst den Spaten zu holen, rächt sich nun. Aber selbst der Spatenstiel kann abbrechen, wenn du eine grobe und ungeschickte Bewegung machst. Der Umgang mit dem Werkzeug erfordert ein wenig Geschick…

Brumm, brumm…

Keine Maschine kann im Garten die Arbeit des Gärtners ersetzen. Aber manche Maschinen können heutzutage dank der modernen Technik eine beträchtliche Hilfe sein. Sie erleichtern und beschleunigen die Arbeit und helfen dadurch Kraft und Zeit zu sparen.

Motorfräse: Nützlich für den Gemüsegarten, wenn die umzugrabende Fläche größer ist als 200 m². Die Handhabung erfordert etwas Kraft.

Elektrische Heckenschere: Wenn die Hecke lang ist und »eckig« geschnitten werden soll, ist eine elektrische Heckenschere sehr praktisch.

Praktisch: die elektrische Heckenschere.

Rasenmäher: Keine Rasenfläche ohne Rasenmäher! Man sollte allerdings ein Modell (elektrisch oder Handbetrieb) auswählen, das in Bezug auf die Schnittbreite des Messers und die Leistungsfähigkeit der Größe der Rasenfläche angemessen ist.

Grundsätzlich sollten elektrische Geräte von Erwachsenen bedient werden.

Die Motorfräse ist zwar laut, kann aber sehr nützlich sein.

Unverzichtbar: ein Rasenmäher.

Auch Pflanzen wollen essen

In der Natur bestimmt der Zufall, wo Pflanzen wachsen. Jene, die an einem sonnigen Standort mit fruchtbarem Boden keimen konnten, haben gute Chancen, groß und schön zu werden. Andere bleiben eher kümmerlich. Als Gärtner wachst du darüber, dass alle deine Schützlinge dieselbe Chance haben. Du pflegst und gießt sie und sorgst dafür, dass sie Nährstoffe bekommen.

Die Wurzeln

Die Wurzeln halten und stabilisieren die Pflanze im Boden. Außerdem ernähren sie sie. Je größer eine Pflanze wird, desto mehr Wurzeln entwickeln sich. An der Wurzelspitze weisen die Wurzelfasern kleine Haare auf, die so genannten Wurzelhaare. Sie saugen das Wasser aus dem Boden. Dadurch stellen sie die Versorgung der Pflanze mit Flüssigkeit, aber auch mit Nahrung sicher, denn im Wasser werden die unsichtbaren Nährstoffe transportiert, von denen die Pflanze lebt.

Blütenblatt

Kelchblatt

Stängel

Knospe

Süß oder salzig?

Ein Stück Zucker zu verspeisen erfordert eine gewisse Anstrengung, denn zunächst musst du es zerbeißen. Dann löst sich der Zucker im Speichel auf und du kannst ihn problemlos herunterschlucken. Pflanzen haben aber keinen Mund und keine Zähne. Sie ernähren sich von »Salzwasser«, d. h. von mikroskopisch kleinen Teilchen, die gelöst im normalen Wasser enthalten sind und die wir Nährsalze oder Mineralien nennen. Selbst wenn die Erde nur feucht ist, enthält sie genug Wasser.

Die Blätter und der Saft

Von der Wurzel steigt das nährstoffhaltige Wasser, der Saft, in der Pflanze hoch. In den Blättern findet die Fotosynthese statt, bei der dieser Saft chemisch verändert wird. Außerdem geht hier durch die Verdunstung an der Blattoberfläche ein Teil der Flüssigkeit verloren. Der umgewandelte Pflanzensaft strömt dann aus den Blättern in die ganze Pflanze zurück und versorgt die Äste, Zweige und Knospen, schließlich auch die Blüten und Früchte mit Nährstoffen.

Aufnahme von Licht und Kohlendioxid

In den Blättern findet die Fotosynthese statt.

Abgabe von Sauerstoff

Fotosynthese

Die Wurzeln nehmen Wasser und Mineralsalze auf.

Chlorophyll und Fotosynthese

Die grüne Farbe der Pflanzen entsteht durch das Chlorophyll. Diese Substanz ermöglicht auch die Fotosynthese, denn sie ist in der Lage, die Energie des Sonnenlichtes aufzunehmen und sie für die komplexen chemischen Reaktionen bereitzustellen, durch die der Pflanzensaft umgewandelt wird. In unserem Körper spielt das Hämoglobin eine vergleichbare Rolle. Es sichert den Transport von Sauerstoff, der für die Bereitstellung von Energie unverzichtbar ist.

Und danach?

Die Pflanze ist verblüht und hat Samen gebildet. Du hast sie ausgerissen und auf den Kompost geworfen. Die Mineralsalze, die sie aus dem Boden aufgenommen hat, sind aber nicht verloren. Wenn die Stängel und Blätter verrotten, entsteht Humus, in dem diese Mineralien enthalten sind. Er wird unter die Erde gemischt und trägt zur Ernährung neuer Pflanzen bei.

Kalkhaltige Erde?

Normalerweise enthält die Erde etwas Kalk. Die Erde in deinem Garten sicherlich auch. Die meisten Pflanzen können sich daran ganz gut gewöhnen. Ist die Erde jedoch sehr kalkhaltig, wachsen manche Pflanzen schlechter, werden gelb und sterben sogar ab. Um ein Übermaß an Kalk zu vermeiden, musst du der Blumenerde Torf, Kompost und sogar Sand zugeben. Kalkarme Erde findet sich in der Natur an bestimmten Orten: in der Heide, in Sümpfen und Nadelwäldern. Für manche Pflanzen wie Azaleen oder Rhododendren ist sie unverzichtbar. Du kannst sie als »Heideerde« in Säcken kaufen.

Fruchtbare Erde

Fruchtbare Erde ist Erde, die im Wasser gelöste Nährstoffe gut speichern kann. Wobei eine Schaufel Erde aus einer Ecke des Gartens nicht unbedingt gleich gut sein muss wie die aus einer anderen Ecke. Die Qualität der Erde hängt vielmehr davon ab, was sie enthält. Aber wie kann man das wissen, wenn doch die Nährstoffe im Wasser gelöst sind? Ganz einfach durch genaues Hinsehen. Fruchtbare Erde ist dunkel und leicht. Die Krümel sind klein und bröckelig. Sie enthält einen wichtigen Baustein: Humus. Stell dir vor, der Humus ist die Soße, ohne die die Pflanze ihre Nahrung aus dem Boden nicht aufnehmen mag…

Humus

Humus entsteht, wenn pflanzliche Überreste von Bakterien und Mikroorganismen zersetzt werden. Sie vermischen sich nach und nach mit dem Boden. Der Wald produziert beispielsweise seinen eigenen Humus. Verwelkte Blätter und Äste, die herabfallen, verrotten auf dem Boden und lösen sich langsam auf. Sie bilden diese für das Leben unverzichtbare Materie, den Humus, der mit dem Regen in die Erde gelangt.

Die Blätter verwandeln sich nach und nach in Humus.

Das riecht aber gar nicht gut!

Aus der Ecke, wo sich der Komposthaufen befindet, kommt ein strenger Geruch. Ist er dir unangenehm? Vielleicht weniger, wenn du dir klar machst, dass dort die Ernte von morgen vorbereitet wird. »Stinkender Dünger macht den Boden jünger«, sagt treffend ein altes Sprichwort. Kompost nennt man diese pflanzlichen Abfälle, wenn sie bereits zersetzt und fertig zum Gebrauch sind.

Kompost herstellen

Du kannst selbst Humus herstellen, um die Erde in deinem Garten anzureichern. Dazu sammelst du in einer Ecke des Gartens Abfälle: Laub, Gemüseschalen, gemähtes Gras… Sie zersetzen sich und lassen dabei Wärme frei. Nach 6 Monaten bekommst du so eine humushaltige Substanz, eine Art Mist, die du der Erde »zurückgeben« kannst.

Ein Kompostsilo

Der Komposthaufen riecht nicht besonders gut und sieht auch nicht schön aus. Deshalb ist es besser, ihn ein wenig zu verstecken. Finde eine Lösung, die gut in deinen Garten passt.

Ziegelsteine

zur Verzierung

❶ Kompostmulde aus Ziegelsteinen: Baue aus Ziegelsteinen eine kleine Mauer. Wenn der Komposthaufen wächst, erhöhst du die Mauer.

❸ Um das Ganze zu verschönern: Lasse Gurken, Kapuzinerkresse oder Tomaten an der Einfassung ranken, sodass der verrottende Kompost von den wuchernden Pflanzen verdeckt wird.

Holzpflöcke

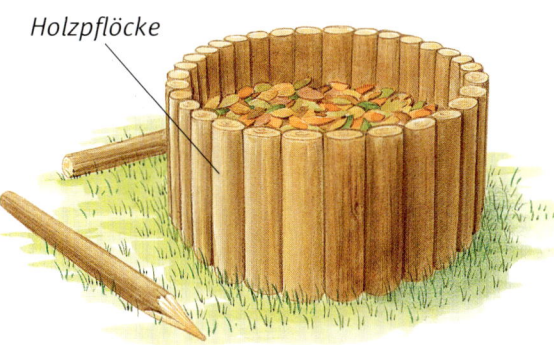

Die Pflege des Komposthaufens

Je vielfältiger die Pflanzenabfälle sind, desto fruchtbarer ist der Humus. Zweige solltest du in Stücke (10 cm) schneiden. Alle 2 Monate wird der Kompost durch Schütteln oder Wenden belüftet. Gib kein Wasser auf den Kompost (das Regenwasser reicht aus). Mische eventuell eine Hand voll Stickstoff unter, um die Zersetzung zu beschleunigen. Der Humus ist nach 3 bis 6 Monaten fertig.

❷ Kompostmulde aus Holz: Baue aus Holzpflöcken, die dicht an dicht nebeneinander im Boden verankert werden, einen geräumigen Zylinder.

Eine ausgewogene Ernährung lässt die Pflanzen wachsen und gedeihen.

Der Dünger

Im Garten möchte man jedes Jahr ernten, wenn möglich sogar mehrmals. Deshalb sollte man den Pflanzen zusätzliche Nährstoffe in Form von Dünger zur Verfügung stellen.

N P K

Ohne Chemiker zu werden, sollte jeder Gärtner, selbst der noch unerfahrene Gartenfreund, die Bedeutung dieser drei Buchstaben kennen, auch wenn es vielleicht nicht ganz einfach ist, sie zu behalten. N steht für Stickstoff (Nitrat), eine Substanz, die Gras und Blätter wachsen lässt. P steht für Phosphor (Phosphate), der vor allem dem Holz und den Wurzeln gut tut. K steht für Kalium (Pottasche), das bei der Ausbildung der Blüten und Früchte hilft. Pflanzen brauchen alle drei Elemente und die meisten der handelsüblichen Dünger enthalten sie in ausgewogener Mischung.

Der Mist

Mist entsteht in Ställen durch die Vermischung tierischer Exkremente mit dem Stroh, das als Einstreu dient. Landwirte verteilen den Mist auf den Feldern, denn er ist ein hervorragender organischer Dünger.

Chemischer und biologischer Dünger

NPK-haltige Substanzen sind chemischer Dünger.
Kompost und Mist sind organische Düngemittel.
Bio-Bauern lehnen chemischen Dünger ab.
Sie glauben, dass diese gefährliche Verun-
reinigungen im Boden bilden oder halten.
Organischer Dünger ist jedoch unentbehrlich,
denn der Humus macht die Erde fruchtbar
und locker und sorgt dafür, dass sich die
Mikroorganismen im Boden vermehren,
die die Nährstoffe zersetzen
und dafür sorgen, dass die
Pflanzen sie aufnehmen
können. Aber die Verwendung
organischer Düngemittel
schließt die Düngung mit
chemischen Substanzen nicht
aus. Im Gegenteil, beide
Methoden ergänzen sich.

Die richtige Dosierung

Wenn sie wachsen, verbrauchen
Pflanzen am meisten Nährstoffe.
Sie brauchen dann jeden Tag
etwas Nahrung, genau wie du.
Aber Achtung! Sie vertragen es
schlecht, wenn sie überdüngt werden. Eine gute Lösung:
In der Wachstumsperiode eine
vernünftige Menge Dünger alle
6 Wochen. Das kann im Garten
eine Hand voll Dünger (etwa 10 g)
für einen Quadratmeter Erde
sein, im Haus eine
Messerspitze
ins Gießwasser.

Der richtige Zeitpunkt

Die Wurzeln der Pflanzen, die du mit Dünger versorgst, können diesen
nur dann aufnehmen, wenn er vom Humus umgewandelt wurde. Sie
stürzen sich also nicht gerade auf die Nährstoffe! Du musst damit
rechnen, die Wirkung der Düngung erst nach etwa 3 Wochen zu
bemerken. Im Herbst reduzierst du auf eine »Grunddüngung«, denn
die Pflanzen nehmen weniger Nährstoffe auf. Nutze die Gelegenheit, um
Kompost, Mist und etwas Dünger zu verteilen.

Der Boden wird bearbeitet und damit die Ernte der Zukunft vorbereitet.

Feine Wassertropfen verzaubern den Garten.

Pflanzen wollen trinken

Pflanzen haben ihre eigene Sprache:
Wenn die Blätter verwelken, wollen sie dir
mitteilen, dass sie Durst haben. Warte
nicht auf dieses Signal, sondern gieße sie
regelmäßig. Nicht zu viel, nicht zu wenig.
Lässt du sie im Wasser stehen, wenn die
Erde schon gut feucht ist, schadet ihnen
das mehr, als es nutzt.

Die Gießkanne

Wähle die Gießkanne nach deiner Größe aus.
Gießkannen sind mit einem Brauseaufsatz aus-
gestattet, mit dem sich das Wasser besser verteilen lässt. Benutze ihn nur in bestimmten Fäl-
len, zum Beispiel, wenn du eine Aussaat
sprengst. Im Allgemeinen gießt du
direkt aus der Kanne. So kannst
du besser zielen und genau
den Fuß der Pflanze treffen.
Die Wurzeln können das
Wasser dann schneller
aufnehmen.

Bewässerungs-
gräben

Bei dieser einfachsten und
ältesten Bewässerungsme-
thode lässt du das Wasser in
einen flachen Graben zwischen
zwei Pflanzenreihen fließen. Achte
darauf, dass es langsam fließt und
der Boden sich voll saugen kann. Wenn
du dazu einen Schlauch benutzt, darf der
Strahl nicht zu stark sein. Um ihn etwas
abzuschwächen, kannst du einen alten
Strumpf mit einer Schnur am Ende des
Schlauches festbinden, das funktioniert super.
Schon wenig Gefälle lässt das Wasser durch den
gesamten Graben fließen. Errichte dazwischen immer
wieder kleine Staudämme aus Erde.

Künstlicher Regen

Es ist verführerisch, den Garten bei trockenem Wetter mit etwas künstlichem Regen zu verwöhnen. Das machen die Profis auch, und zwar mit modernen und leistungsfähigen Berieselungssystemen. Diese haben aber durchaus auch Nachteile. Das feuchte Blattwerk ist anfälliger für Krankheiten und den blühenden Blumen tut das Gewicht des Wassers nicht gut. Außerdem kann man nicht genau arbeiten, sondern muss alles wässern – auch jene Pflanzen, die gar nicht trocken sind.

Morgens gießen

In der Nacht ruhen die Pflanzen. Die Sonne weckt sie mit ihren ersten Strahlen auf. Wenn es hell ist, fangen die Wurzeln an, das in der Erde enthaltene Wasser aufzusaugen. Das solltest du berücksichtigen und am Morgen gießen. Nur während der großen Sommerhitze ist es vorteilhaft, am Abend zu gießen. Dadurch hilft man der Pflanze, die starke Verdunstung des Tages auszugleichen.
Die Erde saugt sich voll Wasser und die Pflanzen können in der Morgendämmerung gleich ihren Durst stillen. Und du kannst mit gutem Gewissen etwas länger schlafen.

Tropfen für Tropfen

So genannte Tropfschläuche, die man im Garten auslegen kann, sind mit kleinen Löchern versehen. Aus ihnen tropft das Wasser sehr langsam heraus, sodass jede Pflanze mit Wasser versorgt wird, ohne zu ertrinken. Der Gärtner kann die Bewässerungszeit auf die Minute genau einstellen und damit die Wassermenge dosieren.

Tropföffnung

Programmierte Wasserzufuhr

Vollautomatisch, computergesteuert, »intelligent« (keine Bewässerung, wenn es geregnet hat) – die ideale Wasserversorgung für Pflanzen. Mängel sind aber schwierig zu beheben, wenn die Anlage unterirdisch verlegt wurde.

Der Samen, ein Keim

Aus der Blüte, das weißt du schon lange, entstehen die Samen. Wenn sie reif sind, lösen sie sich und fallen auf den Boden oder schweben davon. Auf jeden Fall verteilen sie sich. So wird die Nachkommenschaft der Pflanze gesichert und damit der Fortbestand der Art.

Die Samen des Ahornbaumes haben »Flügel«. Der Wind trägt sie davon.

Ein lebender Keim

Betrachte einen reifen Samen genau: Er ist trocken. Und dennoch steckt er voller Leben. In seinem Inneren befindet sich wie in einem Ei die Keimzelle. Sie soll lange Zeit überleben. Das tut sie mit Hilfe einer minimalen Menge an Wasser, die im Samen enthalten ist, auch wenn wir das nicht sehen können. Sie kann aber auch absterben: Durch große Hitze oder Kälte oder wenn das gespeicherte Wasser aufgebraucht ist. Die meisten Blumen- und Gemüsesamen in unserer Region überleben zwischen einem Jahr und fünf Jahren. So lange bewahren sie ihre Keimfähigkeit.

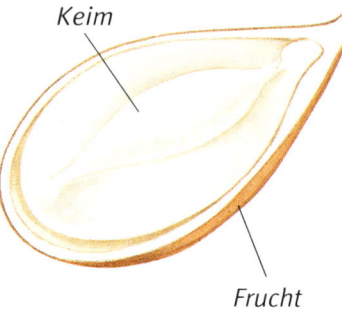

Keim

Frucht

Die Schachtel der Scham

Du konntest den tollen Abbildungen auf den Samenbeutelchen nicht widerstehen? Nun hast du zu viele gekauft und manche fast nicht angerührt. Du sammelst sie sorgfältig in einer Blechschachtel, damit sie nicht feucht werden. Radieschen- und Salatsamen, Margeriten und Ringelblumen leben hier ruhig auf engem Raum zusammen... So ruhig, dass du sie sogar vergisst und sie für immer verloren sind. Aber schäme dich nicht. Jeder Gärtner hat eine solche Schachtel.

Die Auswahl der Samen

Auswählen, das bedeutet eine Wahl zu treffen. Auf manchen Samenpäckchen kannst du die Aufschrift »Qualitätssamen« lesen. Das ist ein gutes Zeichen. Du kannst aber auch selbst deine Samen auswählen: Im Garten blühen hübsche Kosmeen, so genannte Schmuckkörbchen. Schaue dich um: Machst du eine Pflanze mit besonders schönen Blüten aus, dann nimmst du bei ihr die Samen ab, wenn sie reif sind. Im nächsten Frühjahr kannst du mit deinen handverlesenen Samen einige wunderschöne Schmuckkörbchen heranziehen.

Alles Gute für den Nachwuchs

Ob wild oder gezüchtet – Pflanzen wachsen und erblühen. Sie erfreuen Tiere, die sie fressen, Gärtner, die ihre Früchte verkaufen oder sich über die schönen Blüten freuen. Das alles ist für die Pflanzen jedoch bedeutungslos! Ihr Ziel ist einzig die Fortpflanzung und die Verbreitung der Art. Sind die Samen erst einmal gereift, spielt es keine Rolle mehr, ob die Pflanze selbst weiterlebt oder abstirbt. Wichtig ist nur der Samen. Das führt dazu, dass alle Nährstoffe, die die Pflanze mit den Wurzeln aufnimmt, in die Samen gelangen. Dadurch verfügt der aus dem Samen entstehende Keimling über einen gewissen Nährstoffvorrat.

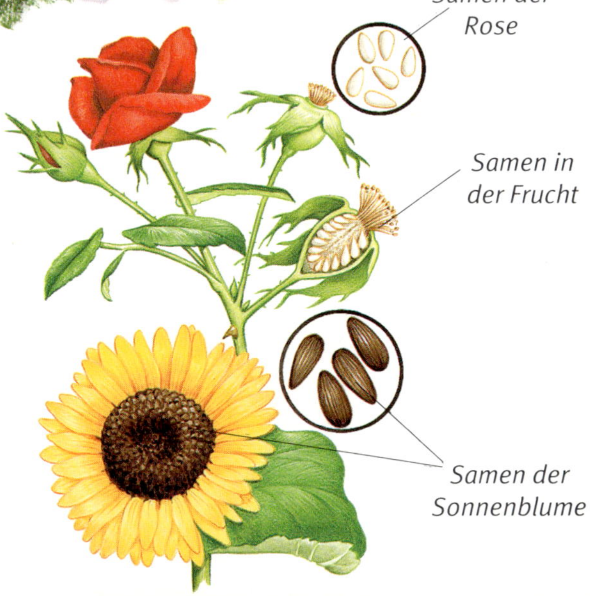
Samen der Rose
Samen in der Frucht
Samen der Sonnenblume

80

Hybridpflanzen

Auf manchen Samenpäckchen kann man den Aufdruck »F1-Hybride« lesen. Sie sind deutlich teurer als übliche Samen. Weshalb? Weil Hybridpflanzen von Menschenhand künstlich gezüchtet werden. Normalerweise werden Samen von Insekten befruchtet, die den Pollen verteilen, wenn sie Nektar sammeln. Wenn sie nun Pollen einer weißen Blüte auf den Stempel einer rosa Blüte derselben Art bringen, können aus den Samen sowohl weiße als auch rosa Blüten hervorgehen, ohne dass man das beeinflussen kann. Bei der Hybridisierung kontrollieren die Biologen die Bestäubung und kreuzen »reine« Sorten. Sie erhalten dadurch ein Produkt, das die Qualitäten beider »Eltern« vereint.

Bienen tragen den Pollen von einer Blüte zur nächsten.

Die Hybridisierung – ein spannendes Spiel

Im Fachhandel findest du von einer Pflanzenart Samen in den verschiedenen Farben. Kaufe beispielsweise ein Päckchen weiße und ein Päckchen rote Wunderblumen.

❶ Säe diese verschiedenen Samen in getrennten Gefäßen aus und pflanze sie nach dem Verziehen nebeneinander.

rot blühende Samen

weiß blühende Samen

rosa Blüten

❸ Im folgenden Frühjahr säst du einige der Samenkörner aus und verziehst die Pflänzlein. Wenn sie blühen, kannst du sehen, dass alle Blüten rosa sind. Das sind die »F1-Hybriden«.

❷ Wenn die Samen reif sind, nimmst du sie ab. Du kannst sie ruhig mischen. Die Bienen haben bereits für eine ungezielte Hybridisierung gesorgt, als sie Nektar sammelten. Hüte diese Samen sorgfältig.

weiße, rote und rosa Blüten

gemischte Samen

❹ Im nächsten Jahr wird die ganze Sache lustig. Du hast Samen gesammelt und aufgehoben. Nun säst du und verziehst mehrere Pflanzen. Überraschung! Manche Blüten sind weiß, andere rot und wieder andere rosa. Wenn du genügend Pflanzen hast, kannst du die Blüten zählen. Die Hälfte ist rosa, ein Viertel weiß und ein anderes Viertel rot. Das sind die »F2-Hybriden«.

Launenhafte Samen

Aus dem Samen entwickelt sich die Pflanze. Der Vorgang des Keimens ist aber unberechenbar und nicht immer schnell. Man spricht von Keimen, wenn die Pflanze anfängt sich aus dem Samenkorn zu entwickeln. Manche Samen keimen sofort, wenn sie heruntergefallen sind und mit Feuchtigkeit in Berührung kommen. Andere tun das nicht; sie »ruhen« und warten auf den nächsten Frühling. Alle Samen einer Pflanzenart weisen dasselbe Keimverhalten auf. Die Hinweise auf den Samenbeuteln und in Gartenbüchern verraten dir, auf was du dich gefasst machen musst.

Das Samenkorn der Eichen wird Eichel genannt!

Die Keimkraft

Im Frühjahr beginnen die Samen zu keimen; kleine Pflanzen entstehen. Außer du hast vergessen die Samen auszusäen! Ob das schlimm ist? Im Grunde nicht. Samen behalten, wenn sie trocken gelagert werden, ihre Keimkraft mehrere Jahre lang. Offenbar konnte man selbst Getreidekörner keimen lassen, die im Grab eines Pharaos gefunden wurden. Sei dennoch lieber misstrauisch. Wenn du das Saatgut in einer Schachtel vergisst, kann es sein, dass sie nach der Aussaat nicht mehr keimen. Letztlich hast du keine Möglichkeit, zu prüfen, ob die im Samen enthaltenen Keimzellen noch lebensfähig sind.

junges Blatt

junger Stängel

Tabelle der Keimfähigkeit	
GEMÜSE	
Auberginen	6 Jahre
Karotten	4 Jahre
Spinat	5 Jahre
Bohnen	3 Jahre
Kopfsalat	4 Jahre
Zwiebeln	2 Jahre
Radieschen	4 Jahre
BLUMEN	
Kornblumen	4 Jahre
Glockenblumen	4 Jahre
Kapuzinerkresse	5 Jahre
Klatschmohn	6 Jahre
Schmuckkörbchen	5 Jahre
Löwenmäulchen	7 Jahre
Stiefmütterchen	3 Jahre

Säen und pikieren

Auf den Drehständern der Samenhandlungen, in den Gärtnereien und Supermärkten – überall prangen die Bilder von blühenden Pflanzen und appetitlichem Gemüse. Und alle sind unwiderstehlich. Aber, kleiner Gärtnerlehrling, übe Verzicht! Begnüge dich für den Anfang mit einem einzigen Päckchen Samen. Wenn du geübter bist, kannst du deine Auswahl vergrößern und dich um verschiedene Pflanzen gleichzeitig kümmern.

Das Gefäß vorbereiten

Für das Aussäen brauchst du Sorgfalt, Geschicklichkeit und Aufmerksamkeit. Denn man sät nicht einfach drauflos, wenn man ein gutes Ergebnis erzielen möchte. Vielmehr füllst du eine weiße Styroporkiste vom Fischhändler mit Anzuchterde. Drücke diese vorsichtig an, um eine gleichmäßige und waagerechte Fläche herzustellen. Nimm nun einen Bleistift und ziehe damit alle 5 cm eine Furche mit einer Tiefe von etwa 5 mm.

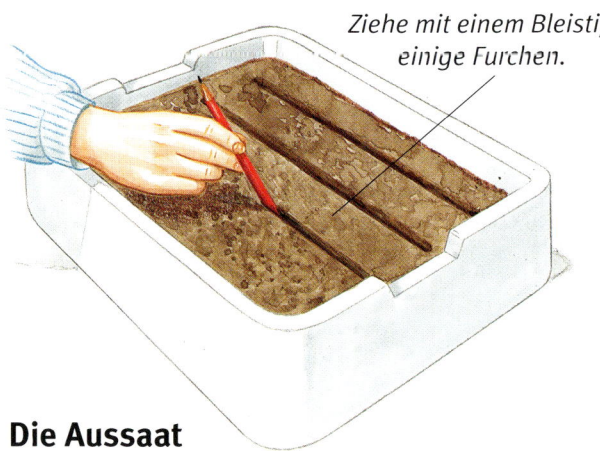

Ziehe mit einem Bleistift einige Furchen.

Die Aussaat

In diese Furchen säst du. Aber, um es noch mal zu wiederholen, nicht irgendwie! Wenn die Samenkörner groß genug sind, legst du sie nacheinander von Hand oder mit einer Pinzette hinein. Wenn sie sehr klein sind, verwendest du eine Sähilfe. Bedecke die Aussaat leicht mit Erde und drücke sie vorsichtig an. Die Rückseite eines Löffels eignet sich dazu sehr gut.

Deine selbst gemachte Sähilfe: ein gefaltetes Blatt Papier.

Leiste dir ein Sägerät

Wenn die Samen sehr fein sind, solltest du ein Sägerät verwenden – ein kleines Plastikgefäß mit einer verstellbaren Öffnung. Es kostet wenig und ist eine große Hilfe.

Nimm die Rückseite eines Löffels zum Andrücken.

Nur leicht anfeuchten

Deine Aussaat darf niemals austrocknen. Wenn du beim Gießen alles überschwemmst, spülst du jedoch die Samen weg. Die Befeuchtung mit einem Zerstäuber ist da besser. Die Samenkörner nehmen die Feuchtigkeit aus dem Boden auf, ohne ihre Lage zu verändern. Je nach Art brauchen die Samen mehr oder weniger lange zum Keimen. Radieschensamen gehen schon nach 4 Tagen auf. Samen von Petersilie brauchen 20 Tage.

Gleichmäßige Aussaat

Schneide ein Stück Maschendraht aus, das etwas größer als dein Saatgefäß ist. Die überstehenden Ränder schlägst du um. In die Erde unter jeder Öffnung bohrst du mit dem Bleistift ein Loch. Lege mit der Pinzette 1 oder 2 Samen in jede Vertiefung. Leicht mit Erde bedecken und andrücken.

Bastle deine eigenen Saatbecher

Schneide Rechtecke mit einer Seitenlänge von 42 x 24 cm aus Kraftpapier aus. Falte die Rechtecke zuerst der Länge nach in der Mitte und dann noch dreimal in Längsrichtung. Schiebe die Enden ineinander.

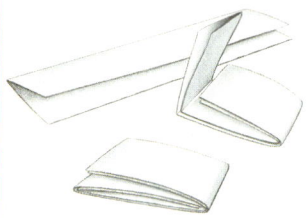

Öffne die Becher mit der Hand, stelle sie nebeneinander in eine Kiste und fülle sie mit Erde. Sie haben keinen Boden, sodass überschüssiges Wasser gut ablaufen kann.

Pikieren

Wenn du kleine Pflanzen aus dem Saatbeet nimmst und vorübergehend in einen Becher pflanzt, nennt man das pikieren oder verziehen. Um die feinen Wurzeln nicht zu verletzen, solltest du den Keimling mit einer Gabel anheben, bevor du ihn vorsichtig aus der Erde ziehst. Pflanze ihn sofort wieder in die Erde im neuen Gefäß ein, in die du mit einem Bleistift ein Loch gebohrt hast. Lasse zwischen den Pflanzen immer 10 cm Platz und gieße sie vorsichtig. Wenn die jungen Pflanzen etwa 10 cm hoch sind, kannst du sie an ihrem endgültigen Standort einpflanzen.

Das Einpflanzen ist eine befriedigende Tätigkeit.

Stecklinge ziehen

Pflanzen vermehren sich nicht nur mit Hilfe von Samen. Eine andere Möglichkeit besteht darin, Zweige oder Ableger abzuschneiden und diese Wurzeln entwickeln zu lassen. Erdbeeren entwickeln Ausläufer, die Wurzeln bilden und Jungpflanzen hervorbringen. Weshalb nicht der Natur nacheifern? Probiere es einfach aus.

Der neue Trieb wächst.

Wurzeln bilden sich aus.

Stecklinge im Wasser

Diese Stecklinge sind am einfachsten zu ziehen. Schneide im Frühling einen Trieb ab und stelle ihn in ein Gefäß mit Wasser. Gib ein wenig Holzkohle hinzu, um Fäulnis zu verhindern. Nach wenigen Tagen erscheinen schon die ersten Wurzelfasern. Wenn sie etwa 3 cm lang sind, pflanzt du den Steckling in die Erde. Achte darauf, die feinen Wurzeln nicht zu verletzen oder zu verbiegen. Gieße regelmäßig. Geeignet sind Oleander, Begonien, Fleißige Lieschen.

Stecklinge von jungen Trieben

Im Frühjahr bilden viele Pflanzen neue Triebe. Schneide einen ab, zum Beispiel bei einer Fuchsie oder einem Rittersporn. Entferne die unteren Blätter und pflanze den Steckling in lockerer (oder mit Sand oder Torf aufgelockerter) Erde in einen kleinen Topf (8 cm Durchmesser reichen aus). Stelle den Topf in den Schatten und halte die Erde feucht. Wenn der Trieb anfängt zu wachsen, ist das ein Zeichen dafür, dass er Wurzeln »angesetzt« hat. Bravo! Du kannst ihn nun auch in die Sonne stellen.

Plastikfolie

Kohle

Blattableger

Manche Pflanzen sind so kräftig, dass ein einziges in die Erde gepflanztes Blatt Wurzeln und damit einen Ableger bilden kann: Veilchen zum Beispiel. Bei Begonien reichen sogar Blattstückchen aus. Probiere es aus. Lege das Blattstückchen auf feuchte und nährstoffreiche Erde. Drücke es an und fixiere es mit Haarnadeln. Sei nicht enttäuscht, wenn es nicht jedes Mal und bei jeder Pflanze klappt.

Befestige das Blatt mit Haarnadeln.

Kleine Babypflanzen entstehen.

Aufzucht im Becher

Der großzügige Gärtner

Heute nimmst du Samen ab, morgen teilst du eine mehrjährige Staude. Was aber machst du mit all dem Überfluss? Verschenken natürlich! Teilen und Tauschen gehören zu den Freuden des Gärtners. »Sieh an, die Blumen in der Rabatte von Leo sind aufgeblüht«, bemerkst du im Vorübergehen. Und auf der anderen Seite der Hecke murmelt dein Nachbar vielleicht: »So, so, die Blumen von Sabine haben schon Knospen.«

Stecklinge »unter der Haube«

Von vielen Sträuchern kannst du sogar in der Wachstumsphase Stecklinge ziehen.

Plastikhülle

❷ Halte die Erde feucht, ohne zu viel zu gießen. Bis die ersten kleinen Blättchen auftauchen, sollte der Topf im Schatten stehen.

❶ Nimm einen jungen Zweig von einem Rosenstrauch und entferne die unteren Blätter. Pflanze ihn in die Erde und gieße ihn. Stülpe dann einen durchsichtigen Plastiksack über den Blumentopf und befestige ihn mit einem Gummiband.

❸ Nun kannst du den Plastiksack abnehmen. 15 Tage später stellst du die neue Pflanze in die Sonne. Geeignet sind: Rosen, Azaleen, Spindelbäume.

Stecklinge von Ästen

Im Dezember, wenn die Büsche und Bäume ihre Blätter schon abgeworfen haben und »ruhen«, kannst du Stecklinge von verholzten Zweigen ziehen. Nimm einen jungen, geraden Ast und schneide Stücke von etwa 20 cm Länge ab. Grabe diese fast vollständig ein; achte darauf, dass sie leicht schräg liegen. Lasse sie den ganzen Winter draußen. Fange mit den ersten schönen Tagen an zu gießen und du wirst sehen, wie sie Blätter bekommen. Im nächsten Jahr suchst du die schönste Pflanze aus und pflanzt sie an den endgültigen Standort. Geeignet sind: Oleander, Buntnesseln, Fleißige Lieschen, Rosen…

Bereite die Stelle vor, wo du den Steckling eingraben möchtest.

Wurzelstecklinge

Der beste Zeitpunkt ist am Ende des Winters, kurz bevor der Frühling beginnt. Grabe ein Stück Wurzel von der Pflanze aus, die du vermehren möchtest. Schneide Stücke von 10 bis 12 cm Länge und 0,5 bis 1 cm Durchmesser ab. Pflanze diese aufrecht in lockere Erde. Aber Achtung! Das Wurzelstück muss unbedingt in der richtigen Richtung in die Erde gesetzt werden: mit dem oberen Ende, so wie du es ausgegraben hast, nach oben zeigend. Wenn der Setzling nach 2 bis 3 Monaten an Ort und Stelle Wurzeln gebildet hat, kannst du ihn umpflanzen. Geeignet sind: Phlox, Türkenmohn, Pfingstrosen, Ochsenzungen, Königskerzen…

Wurzelstück zum Einpflanzen

Die Wurzel wird aufrecht eingepflanzt.

Alles sofort? Niemals!

Heute säst du; das ist einfach. Aber du musst auch einige Tage warten können, bis die ersten winzigen Blättchen sich zeigen. In dieser Zeit musst du deine Aussaat trotzdem beobachten, gießen, jäten und so weiter. Die erste Blüte öffnet sich erst nach 5 bis 8 Wochen; die Radieschen können nach 20 Tagen, der Salat nach 2 Monaten geerntet werden. Sei also nicht ungeduldig. Es ist jeden Tag ein Vergnügen, die Fortschritte der Pflanzen zu bewundern. In der Natur gibt es kein »sofort«. Auch wenn du eine bereits blühende Pflanze kaufst, hat ein anderer Gärtner sie geduldig aufgezogen.

Ausläufer

Manchmal entstehen neue Pflanzen, wenn ein Stängel oder ein Ast in der Erde Wurzeln bilden. Das gibt es auch in der Natur. Um das selbst auszuprobieren, wählst du eine Pflanze mit flexiblen Stängeln wie Glyzinen oder Geißblatt aus. Grabe einen Zweig in die Erde ein oder lege ihn auf die Erde und häufe einen kleinen Hügel darüber an. Er muss mit gut befestigten Haken an Ort und Stelle gehalten werden. Nach einem Jahr haben sich die Wurzeln entwickelt.

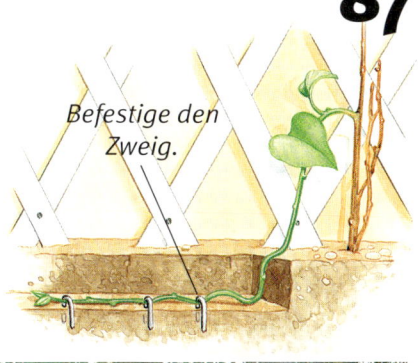

Befestige den Zweig.

Mit einer Gartenschere kannst du nun die Jungpflanze von der Mutterpflanze trennen. Und an einen anderen Ort verpflanzen. Folgende Pflanzen eignen sich: Wein, Bignoniengewächse (wie der Trompetenbaum), Flieder, Hortensien, Johannisbeeren, Himbeeren…

Ganz natürlich hat sich ein Ausläufer gebildet. Der bewurzelte Ast ist länger und dicker geworden.

Ausläufer im Blumentopf

Vielleicht ist der von dir ausgewählte Ast zu kurz. Das ist nicht schlimm. Grabe deinen Topf dennoch in der Erde ein und lasse das Ende des Zweiges mit einigen Blättern herausschauen.

Grabe den Topf in die Erde ein.

Trenne den Ableger von der Mutterpflanze.

❶ Einen Plastiktopf kannst du einschneiden und am Ende des Schnittes ein rundes Loch machen. Grabe den mit Erde gefüllten Topf neben der Mutterpflanze ein. Biege den Zweig herab und ziehe ihn durch den Schlitz bis zum Loch. Verschließe danach den Einschnitt.

❷ Nach einem Jahr hat der Ausläufer Wurzeln gebildet. Schneide den Zweig durch. Um den schönen Wurzelballen nicht zu zerstören, solltest du den Topf opfern. Nun hast du eine neue Pflanze zur Verfügung.

Schöne Stützen

Pflanzen mit hohlen Stängeln müssen sich irgendwo festhalten können. Andere wiederum haben sehr bewegliche Stängel. Sie klammern sich fest, um in die Höhe zu klettern. Wie kann man ihnen helfen, ohne den Garten in ein Feld mit hässlichen Pflöcken zu verwandeln?

Eine Kletterhilfe basteln

Du kannst dich natürlich mit einem einfachen Stück Holz zufrieden geben. Aber es gibt bessere Lösungen: zum Beispiel eine Kletterhilfe mit natürlichem Moos.

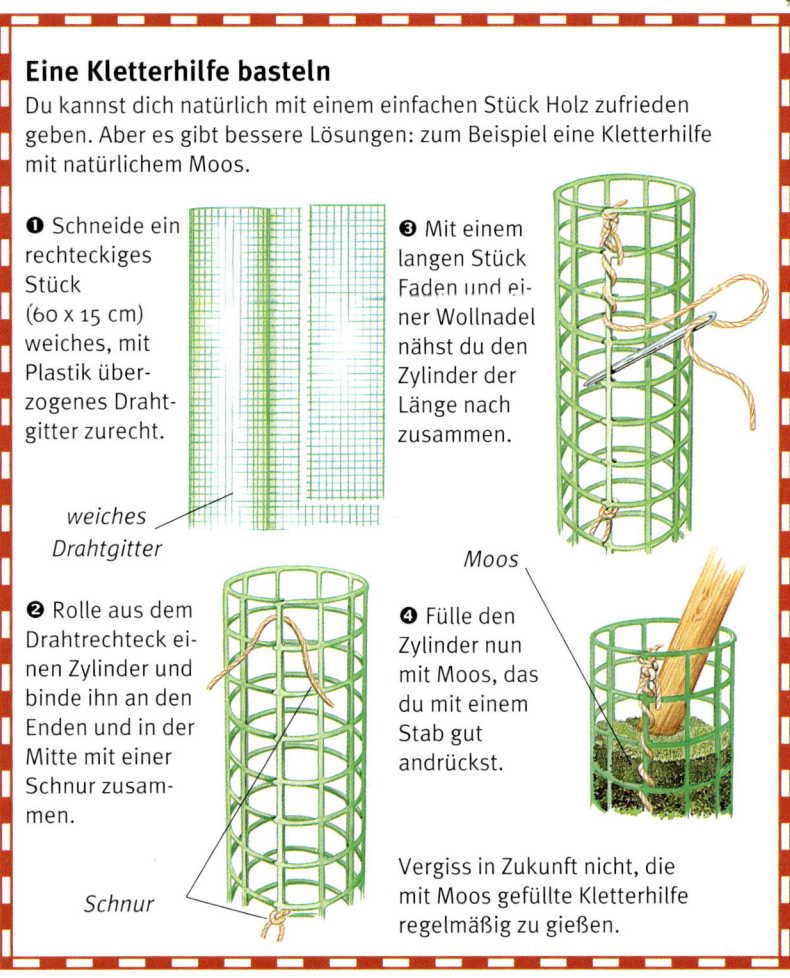

❶ Schneide ein rechteckiges Stück (60 x 15 cm) weiches, mit Plastik überzogenes Drahtgitter zurecht.

weiches Drahtgitter

❸ Mit einem langen Stück Faden und einer Wollnadel nähst du den Zylinder der Länge nach zusammen.

Moos

❷ Rolle aus dem Drahtrechteck einen Zylinder und binde ihn an den Enden und in der Mitte mit einer Schnur zusammen.

Schnur

❹ Fülle den Zylinder nun mit Moos, das du mit einem Stab gut andrückst.

Vergiss in Zukunft nicht, die mit Moos gefüllte Kletterhilfe regelmäßig zu gießen.

Ein Baum als Kletterhilfe

Ein Baum ist eine hervorragende natürliche Kletterhilfe, vorausgesetzt die Kletterpflanze schadet weder dem Baum noch seinem Aussehen. Mache ein möglichst großes und tiefes Pflanzloch neben dem Baum, ohne sein Wurzelwerk zu beschädigen. 40 x 40 x 30 cm wären eine ideale Größe. Fülle das Loch mit guter Erde und setze die Kletterpflanze so hinein, dass sie sich an den Baum anlehnt. Mache sie vorsichtig fest. Vergiss nicht, den Baum zu düngen, und zwar auf der anderen Seite der Neupflanzung. Sonst beansprucht er die neue, gute Erde für sich.

Ein Baum ist eine natürliche Kletterhilfe.

Eisenstange

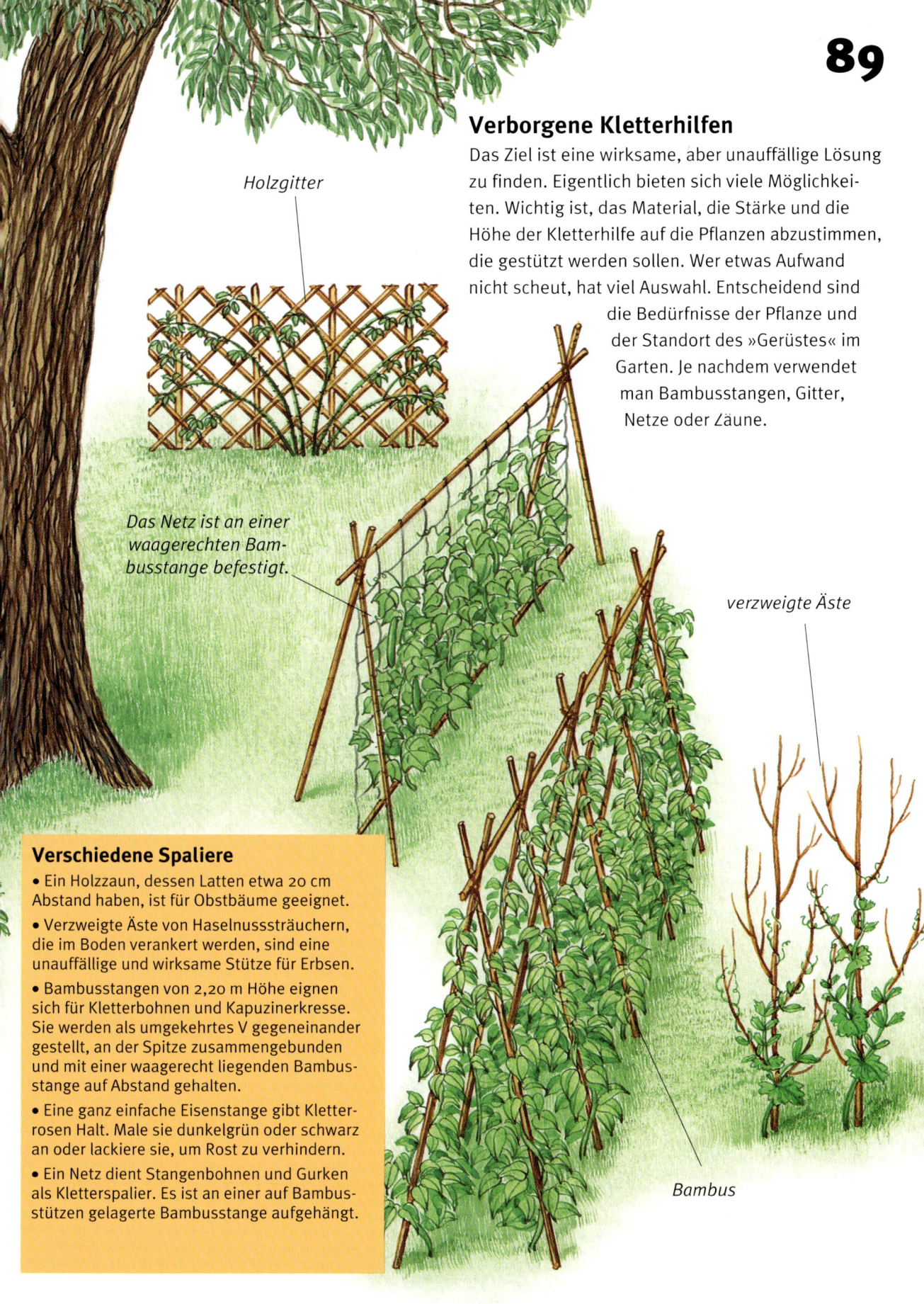

Verborgene Kletterhilfen

Das Ziel ist eine wirksame, aber unauffällige Lösung zu finden. Eigentlich bieten sich viele Möglichkeiten. Wichtig ist, das Material, die Stärke und die Höhe der Kletterhilfe auf die Pflanzen abzustimmen, die gestützt werden sollen. Wer etwas Aufwand nicht scheut, hat viel Auswahl. Entscheidend sind die Bedürfnisse der Pflanze und der Standort des »Gerüstes« im Garten. Je nachdem verwendet man Bambusstangen, Gitter, Netze oder Zäune.

Holzgitter

Das Netz ist an einer waagerechten Bambusstange befestigt.

verzweigte Äste

Bambus

Verschiedene Spaliere

• Ein Holzzaun, dessen Latten etwa 20 cm Abstand haben, ist für Obstbäume geeignet.

• Verzweigte Äste von Haselnusssträuchern, die im Boden verankert werden, sind eine unauffällige und wirksame Stütze für Erbsen.

• Bambusstangen von 2,20 m Höhe eignen sich für Kletterbohnen und Kapuzinerkresse. Sie werden als umgekehrtes V gegeneinander gestellt, an der Spitze zusammengebunden und mit einer waagerecht liegenden Bambusstange auf Abstand gehalten.

• Eine ganz einfache Eisenstange gibt Kletterrosen Halt. Male sie dunkelgrün oder schwarz an oder lackiere sie, um Rost zu verhindern.

• Ein Netz dient Stangenbohnen und Gurken als Kletterspalier. Es ist an einer auf Bambusstützen gelagerte Bambusstange aufgehängt.

Wildpflanzen

Der Wind, die Vögel, die Igelfamilie oder die Hasen, alle transportieren Samen von Wildpflanzen – auch du selbst unter deiner Schuhsohle. Mutter Natur, die für unsere Bedürfnisse und unser Wohlergehen sorgt, achtet darauf, dass ihre Samen überall hingelangen. Weshalb sollte sie deinen Garten auslassen?

Der Wind sät den Löwenzahn aus.

Mit der Wurzel ausrotten

Winden, Gänsedisteln und Löwenzahn lassen sich nicht so leicht ausreißen. Lässt du die Wurzeln jedoch im Boden, dauert es nur wenige Tage, bis neue Triebe gewachsen sind. Gänsedistel und Löwenzahn kannst du mit dem Spaten herausheben, wenn du tief genug eindringst. Nicht so die Winden! Um sie zu vernichten, stellst du einen Blumentopf mit sorgfältig zugestopfter Bodenöffnung verkehrt herum über sie. Nach 8 bis 10 Wochen ist die Winde mit Wurzeln verschwunden. Denn keine Pflanze kann in völliger Dunkelheit überleben.

Ist Unkraut wirklich schlecht?

Samen von Wildpflanzen sind in deinem Garten gelandet. Was für ein günstiger Ort! Jetzt müssen sie nur noch keimen und wachsen. Weshalb behandeln wir sie als Unkraut? Wir verwenden sie zur Fütterung von Kühen und Hasen. Auch Pflanzen fressende Wildtiere verschmähen sie nicht. Aber wenn sie den Garten überfallen, neigen sie dazu, sich übermäßig zu vermehren und deine Zierpflanzen zu ersticken. Hast du dir schon mal einen Garten angesehen, um den sich niemand mehr kümmert? Von den Kulturpflanzen ist nichts mehr zu sehen.

**Das Hirten-
täschelkraut**
Die Blätter sind von kurzen Haaren bedeckt. Leicht auszureißen. Stirbt im Winter ab.

*Hirten-
täschel-
kraut*

*Blut-Finger-
hirse*

Erdrauch

Der Erdrauch
Er breitet sich schnell aus. Er erträgt keinen Frost und stirbt im Winter ab. Seine Samen sorgen im Frühjahr für den Fortbestand.

Quecke

Die Quecke
Dein Hauptgegner: Jeder Abschnitt der unterirdischen Pflanze ist tief verwurzelt und kann neue Triebe hervorbringen.

Die Blut-Fingerhirse
Die Ähren sind fingerartig. Das Ausreißen ist schwierig, denn die Wurzeln sind sehr widerstandsfähig.

Das Kletten-Labkraut
Es breitet sich rasch aus und rankt mit Hilfe von hakenförmigen Stacheln in die Höhe.

Kletten-Labkraut

Dornige Gänsedistel

Die dornige Gänsedistel
Ihr hohler Stängel bricht leicht ab, aber die tief in die Erde reichende Wurzel lässt sie sofort nachwachsen.

Der Ackerrettich
Er lässt sich leicht herausreißen, trotz der gewundenen Wurzeln. Die reifen Schoten sehen aus wie eine Perlenschnur.

Ackerrettich

Unkraut jäten

Am Jäten führt kein Weg vorbei. Reiße das Unkraut aus, solange es noch klein ist. Je schneller du handelst, desto einfacher und wirksamer sind deine Eingriffe. Die Pflanzen haben noch nicht viel Wurzelwerk und bieten wenig Widerstand. Unkraut jäten kannst du mit der Hacke, wenn die Erde nicht bepflanzt ist. Stehen viele Pflanzen auf den Beeten, ist die Hand als Werkzeug unschlagbar.

Handarbeit
Kauernd, auf allen vieren oder nach vorne gebeugt hast du versucht, die Rabatte vom Unkraut zu befreien. Vorsichtig hast du eines nach dem anderen zwischen Daumen und Zeigefinger gepackt und herausgezogen. Denk daran, sie in einem Korb zu sammeln. Lässt du sie auf der Erde liegen und es regnet, sind sie in der Lage, wieder Wurzeln auszubilden. Zwischen den Platten des Gartenwegs kannst du unerwünschte Kräuter mit Wasser verbrühen, in dem du Gemüse gekocht hast. Sie kommen dann nicht wieder.

Das Kreuzkraut
Es ist sehr widerstandsfähig, keimt und wächst zu jeder Jahreszeit. Achtung! Auf den Blätter überwintern zahlreiche Krankheitskeime.

Kreuzkraut

Die Ackerwinde
Dein zweiter Hauptgegner. Breitet sich als mehrjährige Pflanze mit sehr tief reichenden Wurzeln schnell aus. Schwierig zu beseitigen.

Ackerwinde

Vogelmiere

Die Vogelmiere
Vorsicht beim Ausreißen: Die Stängel brechen leicht ab und die Wurzeln treiben sofort wieder aus.

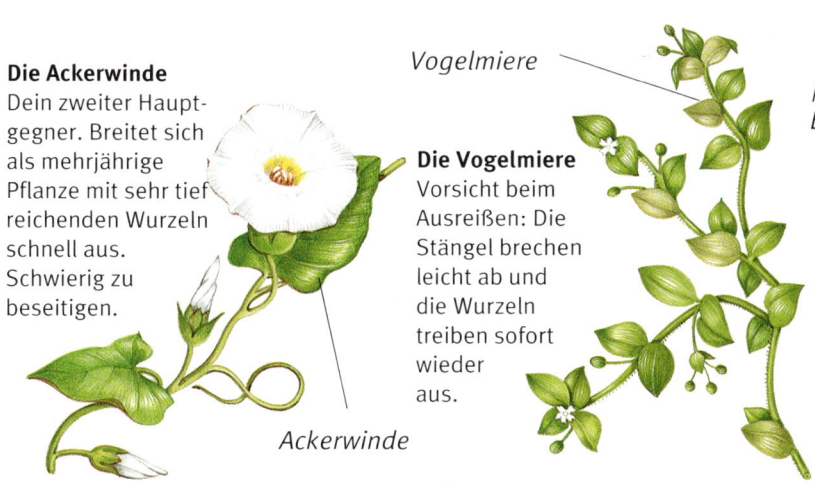

persischer Ehrenpreis

Der persische Ehrenpreis
Lass dich nicht vom Charme dieser kleinen blauen Blüten verführen. Die Pflanze breitet sich schnell aus, ist aber leicht auszureißen.

Doktor, meine Pflanze ist krank

Eine Pflanze hat Flecken, ihre Blätter werden weich und gelb, sie lässt den Kopf hängen. Sie ist krank. Vielleicht nur, weil sie zu viel gegossen wurde ... oder zu wenig. Vermutlich hat sie sich aber mit einem Krankheitserreger, zum Beispiel einem Virus, angesteckt.

Bakterien und Viren

Bakterien, Viren, Parasiten und Pilze, die Pflanzen befallen, sind für Tiere in der Regel ungefährlich. Für Menschen übrigens auch. Wie alle Lebewesen haben Pflanzen die Fähigkeit, sich gegen Krankheiten zu wehren. Meist gelingt es ihnen ganz allein, damit fertig zu werden, und man sieht nicht einmal, dass sie krank waren. Dennoch kommt es vor, dass Krankheiten schlimme, ja sogar tödliche Folgen für die Pflanzen haben, wenn nicht rechtzeitig ein Heilkundiger eingreift.

Oben: Rost auf den Blättern eines Birnbaumes
Mitte: mehlige Schildläuse
Unten: Rote Spinne auf einem Fleißigen Lieschen

Der Pflanzendoktor

Den Pflanzendoktor kann man leider nicht einfach anrufen. Vielmehr brauchst du die Unterstützung eines erfahrenen Gärtners. Er kann Krankheiten und Schädlinge mit bloßem Auge oder mit einer Lupe erkennen. Vielleicht ist dein Groß- vater oder ein Nachbar ein solcher Fachmann. Er wird dir sagen, womit du den Patienten behandeln kannst. Möglicherweise musst du deine Pflanze einmal oder mehrere Male mit einem Mittel besprühen, vorausgesetzt, es ist noch nicht zu spät.

Wehwehchen
Du stichst dich an den Stacheln einer Rose, kratzt dich an einem Zweig oder verletzt dich an einem Werkzeug ... Lasse deine Arbeit ruhen und desinfiziere die Wunde sofort. Wenn sie blutet, klebst du ein Pflaster darauf. Natürlich wäschst du dir die Hände, bevor du dich selbst »behandelst«. Danach kehrst du in den Garten zurück. Hüte dich aber vor einer Tetanus-Infektion. Diese schlimme Krankheit wird auch Wundstarrkrampf genannt, weil sie über offene, auch sehr kleine Wunden in den Körper gelangt. Um sich zu schützen, gibt es nur ein Mittel: die Impfung. Du bist bestimmt als Kleinkind geimpft worden, ver- giss aber nicht, den Impfschutz alle 5 Jahre aufzufrischen.

Auch wenn die Krankheit schon Schaden angerichtet hat, soll- test du etwas unternehmen.

Rosen pflegen
Die meisten Rosen sind sehr anfällig für Krankheiten und Schädlinge. Oft werden sie von grünen Blattläusen befallen. Auch Mehltau kommt recht häufig vor, eine Krankheit, die die Blätter mit einem weißen Filz überzieht. Wenn die Blätter braune Flecken bekommen, ist das ebenfalls kein gutes Zeichen. Diverse Krankheiten können dafür die Ursache sein. Die Befolgung einer einzigen Maßnahme kann Abhilfe schaffen: Spritze in der Wachstumsphase alle 3 Wochen ein Pilz tötendes Mittel, zum Beispiel Schwefel oder Neemöl.

Vorsorge ist besser
Um Krankheiten zu verhindern, die durch Bakterien oder mikros- kopisch kleine Pilze verursacht werden, ergreifen besonnene Gärtner so genannte Präventivmaßnahmen. Dazu gehört das Spritzen mit Fungiziden, also Pilz tötenden Mitteln, die du im Gartenfach- handel oder Supermarkt findest. Seit mehr als einem Jahrhundert ist kupfer- haltige Brühe, die auf den Blättern bläulichen Puder bildet, das am häufigsten verwendete Vorsorgemittel. Bei kaltem und feuchtem Wetter, drohendem Gewitter oder nach Hagel ist bei empfindlichen Pflanzen eine Behandlung mit Fungiziden unverzichtbar. Auch Bäume müssen nach dem Abwerfen der Blätter behandelt werden.

94

Tiere im Garten

Der Garten ist lebendig. Alle Elemente der Natur kommen in ihm vor: Luft, Wasser, Erde, Pflanzen und Tiere. Tiere gibt es im Garten viel mehr, als du glaubst. Sie haben sich selbst eingeladen. Manche bleiben länger, andere verschwinden nach einem kurzen Besuch.

Du schöner Schmetterling, warst du wirklich eine garstige Raupe?

Amselweibchen

Amselmännchen

Freund oder Feind

Unter den Tieren in deinem Garten hast du echte Feinde. Mit den Schnecken, die die jungen Blumen- und Gemüsesetzlinge abfressen, stehst du auf Kriegsfuß. Igel hingegen sind echte Freunde, denn sie ernähren sich von Schnecken. Und die kleinen Marienkäfer helfen dir bei der Läusebekämpfung. Aber viele Tiere sind zugleich Freunde und Feinde. Deshalb muss man sich gut überlegen, ob man sie aus dem Garten verbannt. Die Amseln zum Beispiel picken deine Erdbeeren an. Vertreibe sie trotzdem nicht. Denn sie machen auch auf Raupen Jagd. Und bringt ihr Gesang nicht Fröhlichkeit in den Garten?

Die Amselfamilie

Frau Amsel singt leider gar nicht. Sie ist nicht nur in ihrem Äußeren sehr zurückhaltend, sondern auch in ihrem Verhalten. Für ihre Jungen baut sie ein Nest im Verborgenen. Beide Eltern sorgen für den Nachwuchs.

Echte Freunde

Regenwürmer

Sie sind nicht nur unschäd-lich, sondern sogar nützlich. Auf ihre Art bearbeiten sie die Erde: Sie bohren kleine Gänge und ernähren sich von verfaulten Blättern und Erde, die sie in Form von kleinen, verdrehten Häufchen auch an die Oberfläche schaffen.

Bienen und Hummeln

Sie sind die unentbehrlichen Mitarbeiter eines jeden Gärtners. Indem sie von einer Blüte zur nächsten fliegen, transportieren sie den Pollen und sichern so die Befruchtung der Samen. Die dicken Hummeln dringen auch in Blüten vor, in die die Bienen nicht gelangen. Fürchte dich nicht vor ihnen. Sie greifen niemals an und stechen nur, um sich zu verteidigen.

Biene

Hummel

Regenwurm

Igelfamilie

Igel

Wunderbar, eine solche Igelfamilie. Eines Abends wirst du sie treffen. Beobachte die Tiere und biete ihnen etwas Milch an. Versuche aber nicht, sie zu streicheln. Erstens piksen die Stacheln, zweitens haben sie viel Ungeziefer wie Flöhe und Zecken.

Katzen

Ob es nun deine Katze ist oder die der Nach-barn – lasse sie ruhig in deinem Garten jagen. Denn sie macht Mäusen das Leben schwer. Da sie feine und lockere Erde liebt, um ihr Geschäft zu machen, kann es passieren, dass sie dir eine Aussaat umgräbt. Dagegen kannst du dich wehren: Decke frisch angelegte Beete mit Maschendraht ab.

Fallen für Wespen und Fliegen

Wespen sind nicht ungefährlich: Ihre Stiche können schlimme Allergien auslösen. Besser, man wird sie los.

Stab zum Aufhängen

Wespe

oberer Teil, umgedreht

❷ Stich durch beide Lagen 2 gegenüber-liegende Löcher und schieb einen Stab hindurch, an dem du den »Apparat« aufhängen kannst.

❸ Gieße nun eine Mischung aus Wein, Wasser und Zucker in den unteren Teil der Fla-sche. Die naschhaften Wes-pen und Fliegen werden in die Flasche krabbeln und nicht mehr herauskommen.

❶ Nimm eine Plastikflasche und schneide den oberen Teil 2 bis 3 cm unterhalb des Flaschen-halses ab. Stecke dieses Stück verkehrt herum in die Flasche bis die beiden oberen Ränder über-einander liegen.

Vorsicht ist geboten

Maulwurf

Maulwurfsgrillen

Maulwurfsgrillen sind wegen ihrer ungewöhnlichen Gestalt und ihrer Größe von 4 bis 5 cm auffällige Tiere. Diese Insekten sind nachtaktive, lichtscheue Bodenbewohner. Besonders in leichten Böden sind Maulwurfsgrillen gefürchtet. Sie graben Gänge, um nach Larven und Würmern zu suchen, zögern aber nicht, auch Wurzeln und Knollen anzufressen.

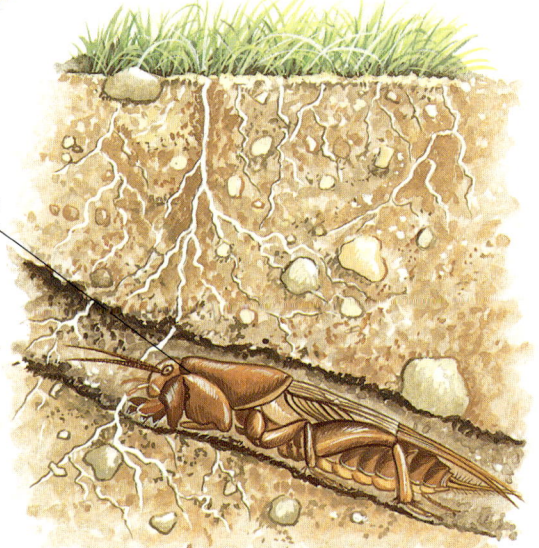

Maulwurfsgrille

Maulwürfe

Hast du schon einmal eines der hübschen, kleinen Tierchen mit dem graubraunen, samtigen Fell, der spitzen Schnauze und den großen Vorderfüßen gesehen? Man möchte ihnen wirklich kein Haar krümmen. Da sie jedoch lange Gänge graben, um nach ihrer Hauptnahrung, den Würmern, zu jagen, schaden sie dem Wurzelwerk im Garten. Auch Rasenflächen werden unansehnlich, wenn sie Erde an die Oberfläche transportieren und die berühmten Maulwurfshügel hinterlassen.

Mäuse

Im Garten gibt es viele verschiedene Mäuse: Hausmäuse, die einen Ausflug machen, Waldmäuse, Scher- oder Wühlmäuse, Spitzmäuse… Die ganze possierliche Sippe gehört jedoch nicht zu den bevorzugten Gästen im Garten. Denn sie graben, knabbern, fressen… Eine jagdfreudige Katze vertreibt die Plagegeister.

Gartenspitzmaus

Land-Schermaus

Waldmaus

Unerbittliche Feinde

Larven

Engerlinge (Larven von Maikäfern), Drahtwürmer (Larven von Schellkäfern) und Larven der Hausmutter haben einen enormen
Appetit! Sie fressen die Wurzeln direkt am
Übergang zum Stängel ab und wandern
dann weiter zur nächsten Pflanze.

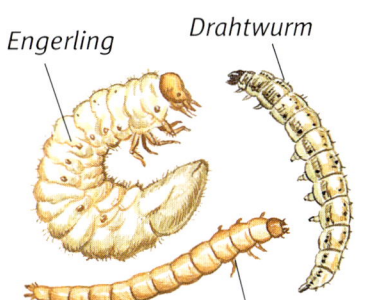

Engerling   *Drahtwurm*

Larve der Hausmutter

Raupen

Raupen sind sehr gefräßig. Schaue
dir mal an, mit welcher Geschwindig-
keit sie die Blätter einer Pflanze
abfressen. Deshalb sollte man sie
entfernen. Noch besser: Die Eier
der Schmetterlinge an den Blättern
aufspüren und vernichten.

*Raupe eines
Apollofalters*

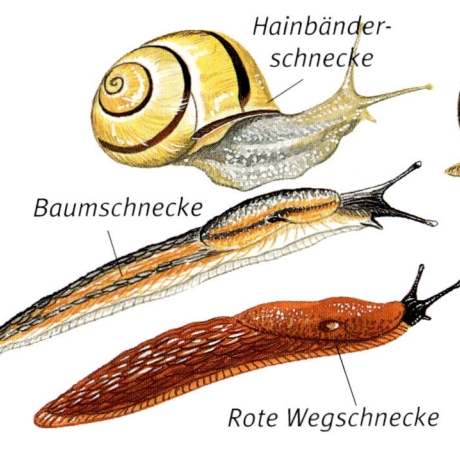

*Hainbänder-
schnecke*

Baumschnecke

*Gemeine Acker-
schnecke*

Rote Wegschnecke

Schnecken

Sie fressen die jungen Triebe
ab und sind gierig nach Salat-
blättern. Sie richten sehr viel
Schaden an und sind der Haupt-
feind eines jeden Gärtners.

Der Gärtner ist nicht grausam

Beim Spaziergang durch den Wald
passt er auf keine Insekten zu zer-
treten, selbst wenn er sie in seinem
eigenen Garten nicht duldet.
Denn wenn er seinen Garten nicht
schützt und sich nicht wehrt, gibt
es keine Ernte. Bist du nach der
Lektüre dieser Zeilen geschockt?
Denke einmal nach. Hast du eine
andere Lösung? Glaubst du, dass
du den Läusen zu Leibe rücken
kannst wie der Rattenfänger von
Hameln, der die Ratten mit sanftem
Flötenspiel aus der Stadt lockte?

Schneckenfallen

Die im Fachhandel erhältlichen Schneckenkörner sind sehr wirksam,
können aber für Haustiere und kleine Kinder gefährlich werden.
Daher können nur deine Eltern entscheiden, ob ihr sie ausstreut oder
nicht. Für dich gibt es aber auch noch einige ungefährliche Tricks.

❶ Lege am Abend kleine Brettchen auf die
Erde. Die Nacktschnecken verstecken sich
darunter und du kannst sie am Morgen
einsammeln und wegbringen.

Nacktschneckenfalle

❷ Für Schnecken mit Gehäuse besteht die Falle aus
einem umgedrehten Blumen-
topf, der an einer Seite etwas
hochgestellt wird, sodass ein
Eingang entsteht. Die Schnecken kriechen hinein und du
kannst sie einsammeln.

*Falle für Schnecken
mit Gehäuse*

❸ Nimm eine leere Milchfla-
sche, gieße etwas Bier hinein
und lege sie waagerecht in
eine kleine Vertiefung in der
Erde. Schnecken lieben Bier,
müssen aber ihre Vorliebe in
diesem Falle teuer bezahlen!

Bier

Unsere Freunde, die Vögel

Unter all den Tieren, die deinen Garten besuchen, nehmen die Vögel einen ganz besonderen Platz ein. Manche von ihnen kommen nur im Sommer, andere bleiben das ganze Jahr über. Du erkennst sie wieder und gewöhnst sie an dich, indem du sie im Winter fütterst. Mit ihrem Gesang, ihrem Flattern und Hüpfen bringen sie Leben in deinen Garten.

Vögel lassen sich nieder, um ihr Nest zu bauen.

Rotkehlchen

Das Rotkehlchen
Männchen und Weibchen haben eine orangerote Kehle. Sie kommen ganz nah ans Haus und verteidigen ihr Revier durchaus aggressiv.

Weibchen

Der Spatz
Er nistet in Bäumen, unter Dächern - eigentlich überall. Er bewegt sich in Gruppen und ernährt sich von Körnern ebenso wie von Insekten. Ist er durstig, frisst er auch Salatblätter.

Männchen

Weibchen

Männchen

Männchen

Weibchen

Der Hausrotschwanz
Das Männchen ist fast schwarz, breitet aber im Flug seinen leuchtend roten Schwanz aus. Das Weibchen ist eher grau. Sie gehören zu den häufigsten Gartenbesuchern.

Der Girlitz
Das Männchen ist kräftig gelb, das Weibchen etwas weniger. Sie ernähren sich von Grassamen und nisten in Büschen.

Grauschnäpper

Die Blaumeise
Scheitel, Schwanz und Flügel sind blau. Sie ähnelt hinsichtlich der Nahrung und des Nistverhaltens der Kohlmeise. Sie zögert nicht Kirschen und Himbeeren anzupicken.

Blaumeise

Der Grauschnäpper
Grau-braune Oberseite, weiß-graue Brust. Er jagt von einem erhöhten Sitzplatz aus und fängt Insekten im Flug.

Die Kohlmeise
Schwarzer Scheitel und gelbe Brust mit einem schwarzen Streifen. Nistet in Baumlöchern oder Mauerspalten; frisst Insekten und manchmal Knospen.

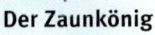

Zaunkönig

Kohlmeise

Der Zaunkönig
Er ist braun, rundlich, sehr klein und trägt seinen Schwanz aufgerichtet. Er kriecht durch das Gebüsch, um Insekten auf dem Boden aufzustöbern.

Zilpzalp

Die Vogeltränke

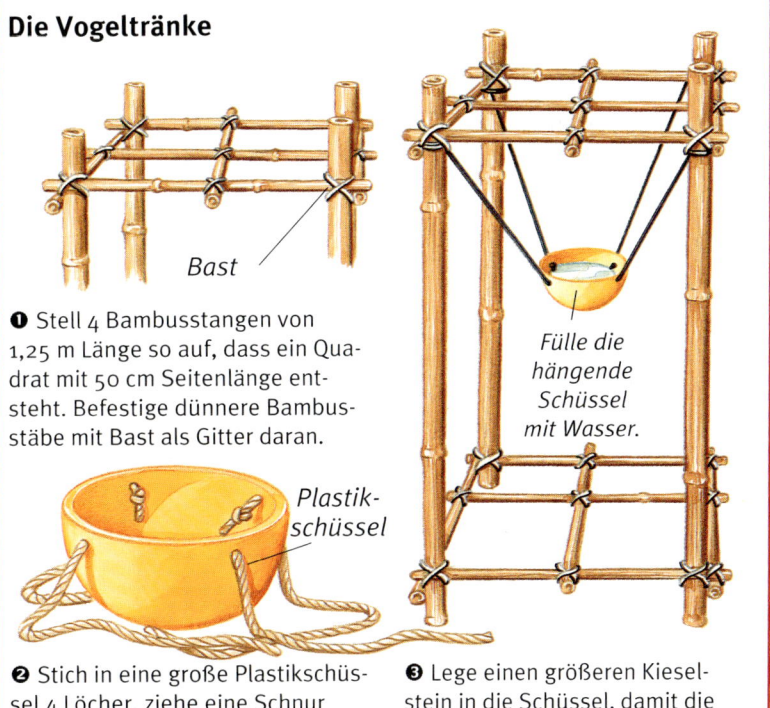

Bast

❶ Stell 4 Bambusstangen von 1,25 m Länge so auf, dass ein Quadrat mit 50 cm Seitenlänge entsteht. Befestige dünnere Bambusstäbe mit Bast als Gitter daran.

Plastikschüssel

Fülle die hängende Schüssel mit Wasser.

Der Zilpzalp
Man sieht ihn kaum, diesen Laubsänger, denn sein braunes Gefieder ist unauffällig. Dafür hört man ihn! Er kann stundenlang dieselben Töne singen: zilpzalp – daher auch sein Name.

❷ Stich in eine große Plastikschüssel 4 Löcher, ziehe eine Schnur durch jedes Loch und hänge die Schüssel an das Bambusgerüst.

❸ Lege einen größeren Kieselstein in die Schüssel, damit die Vögel sich niederlassen können. Wechsle das Wasser häufig.

100

Ein Garten an der Atlantikküste

Klima und Bepflanzung

Im Norden und Süden, in der Ebene und in den Bergen finden Pflanzen ganz unterschiedliche Klima- und damit Lebensbedingungen. Ein Gärtner an der Mittelmeerküste hat nicht denselben Gartenkalender wie ein Gärtner in den Bergen oder in einer nördlichen Großstadt.

Gemäßigtes Klima

Ganz Europa liegt in der gemäßigten Klimazone. Doch zwischen warm gemäßigtem und kalt gemäßigtem Klima gibt es Riesenunterschiede! Für Kulturpflanzen sind die im Winter erreichten Tiefsttemperaturen entscheidend. Das mediterrane Klima mit seinen milden Wintern erstreckt sich nur auf begrenzte Regionen. Das maritime Klima führt zu kühlen, aber nicht wirklich kalten Wintern. Große Kälte breitet sich dagegen regelmäßig im Osten und Norden Europas aus. Das alpine Klima ist sehr gegensätzlich und immer extrem. Der warme Golfstrom sorgt an den Küsten für milde Temperaturen.

ATLANTISCHER OZEAN

NORD-SEE

OSTSEE

DUBLIN

OSLO

STOCKHOLM

LONDON

AMSTERDAM

BERLIN

WAR.

BRÜSSEL

PARIS

PRAG

BERN

ZAGREB

ADRIA

SARAJEWO

LISSABON

MADRID

ROM

MITTELMEER

RABAT

ALGIER

TUNIS

AT

▮	alpines Klima
▮	kalt gemäßigtes Klima
▮	maritimes Klima (kühl)
▮	maritimes Klima (warm)
▮	mediterranes Klima
▶	Golfstrom

Ein Garten am Mittelmeer

Wasser, Wind, Hagel

Regenwasser ist eine echte Kostbarkeit. Versuche ein wenig davon in großen Fässern zu sammeln, damit du in Trockenperioden damit gießen kannst. Wind ist für den Garten gar keine Wohltat. Manche Pflanzen mit harten und hohlen Stängeln wie Dahlien oder Rittersporn müssen bei Wind abgestützt werden. Hagel ist für den Garten eine richtige Katastrophe. In wenigen Minuten kann er Blumen und Blätter kurz und klein schlagen und die Beete völlig verwüsten.

Mörderische Kälte

Pflanzen erfrieren, wenn das in ihren Zellen enthaltene Wasser gefriert. Das Eis lässt die Zellen platzen, sodass die Pflanze stirbt. Man nennt Pflanzen, denen Frost nichts ausmacht, winterfest. Im November verlangsamt sich bei ihnen die Zirkulation des Pflanzensaftes, weil auf Grund der kürzeren Tage weniger Licht und Wärme vorhanden ist. Ist kein Saft in den Zellen, besteht auch keine Gefahr der Eisbildung. Dagegen können Blätter und Triebe bestimmter Pflanzen niemals auf Wasser verzichten. Im Winter erfrieren die empfindlichsten Pflanzen schon bei 8 °C. Alle Pflanzen sind hingegen gefährdet, wenn ein Spätfrost mitten im Frühling auftritt. Denn dann stehen die Knospen und Zweige schon voll im Saft. Bei Pflanzen wie den mehrjährigen Stauden und Zwiebelgewächsen gefriert die Wurzelknolle nicht.

Ein Garten in den Bergen

Der Garten im Winter

Die Tage sind kurz, die Temperaturen niedrig und der kalte Regen durchsetzt mit Schneeflocken. Der Garten schläft tief. Ihm einen Besuch abstatten? Sinnlos? Täusche dich nicht, der Garten schläft nur mit einem Auge. Außer er befindet sich in einer Gegend, wo den ganzen Winter über Schnee liegt.

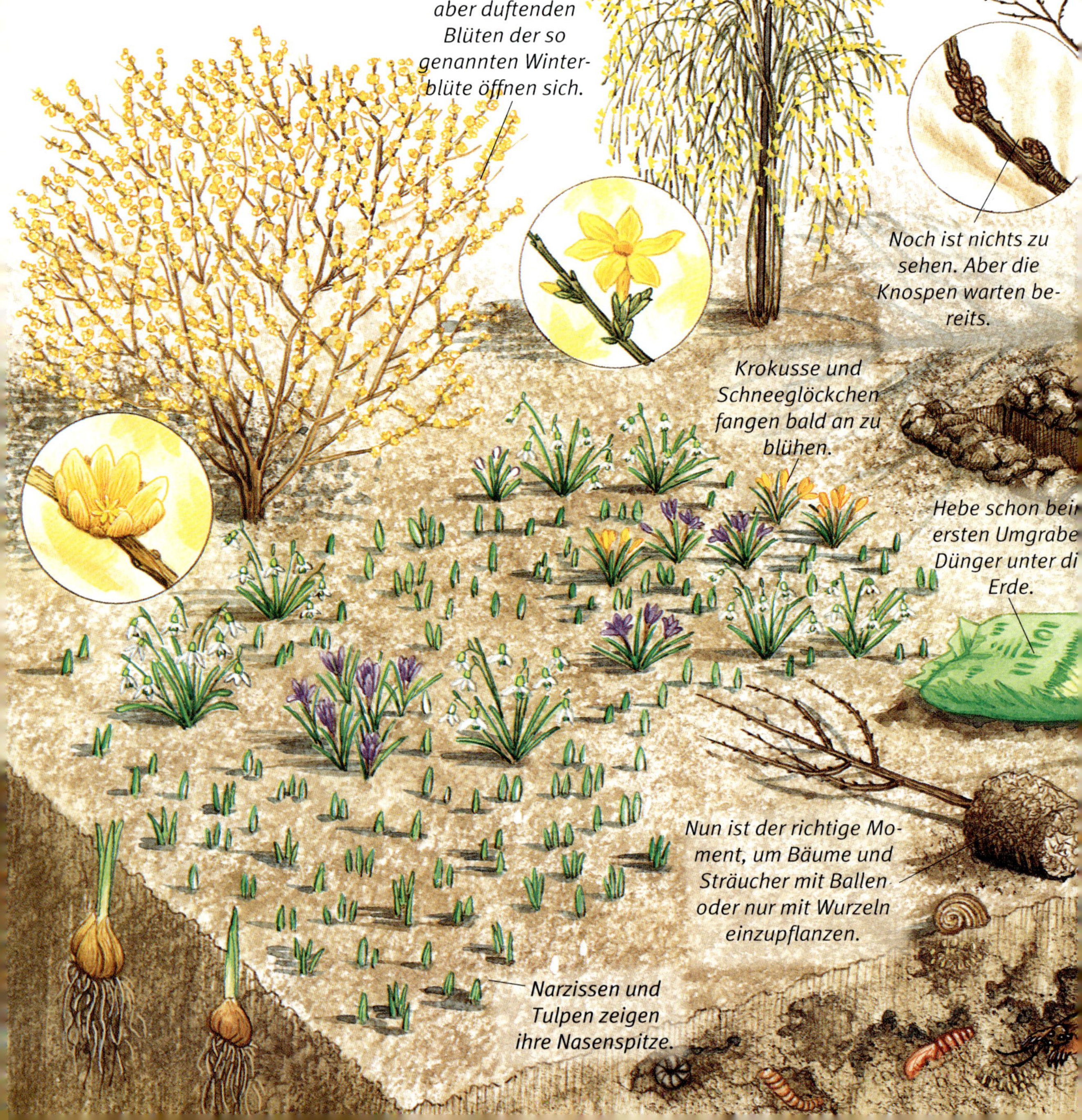

Der Winterjasmin ist über und über mit goldgelben Sternen bedeckt.

Die unauffälligen, aber duftenden Blüten der so genannten Winterblüte öffnen sich.

Noch ist nichts zu sehen. Aber die Knospen warten bereits.

Krokusse und Schneeglöckchen fangen bald an zu blühen.

Hebe schon bei ersten Umgrabe Dünger unter di Erde.

Nun ist der richtige Moment, um Bäume und Sträucher mit Ballen oder nur mit Wurzeln einzupflanzen.

Narzissen und Tulpen zeigen ihre Nasenspitze.

Die Vögel haben Hunger. Jede Beere ist willkommen, aber deine Futterhilfe ebenso.

Du kannst nun Lauch, Rosenkohl, Schwarzwurzeln und Winterendivien ernten.

Stroh, Farn und Astwerk können verwendet werden, um kälteempfindliche Stauden und Sträucher zu schützen.

Beim Umgraben stößt du auf Engerlinge und Drahtwürmer, erstarrte Maulwurfsgrillen, Nacktschnecken, Schnecken und ihre Eier.

Die Erde ruht sich aus

Im Herbst ist der Gemüsegarten fast leer. Das Gemüse wurde nach und nach geerntet. Als vorausschauender Gärtner hast du nach und nach alle Beete umgegraben. Noch besser ist es, wenn du Mist untergehoben und die Erde zu Beeten angehäuft hast. Das Regenwasser kann dann besser ablaufen. Nun kannst du die Erde ruhen lassen. Bleibe in der Wärme, der Frühling kommt schnell.

Im Eismantel sieht der ganze Garten verändert aus.

Empfindlich oder winterfest?

Zeitschriften und Kataloge fordern dich mit bunten Bildern auf, Pflanzen in deinen Garten zu holen, die normalerweise in einem anderen Klima gedeihen. Sie kennen keinen Winter. Im ersten Sommer bist du hingerissen. Blüten mit leuchtenden Farben und originellen Formen bereichern deine Rabatten. Aber was kommt danach?

Kampf der Kälte

Exotische Pflanzen werden teilweise seit Jahrhunderten hier angepflanzt und haben sich an unser Klima gewöhnt. Dennoch sind sie empfindlich geblieben. So kann man Dahlien und Geranien im Winter nicht draußen lassen. Zum Glück vertragen sie das Überwintern gut und warten geduldig auf das warme Wetter. Stelle sie in die Garage. Die Kälte vernichtet Zinnien, Schmuckkörbchen und Tagetes. Mach dir deshalb keine Sorgen. Sie haben hunderte von Samen ausgestreut, die im Frühjahr aufgehen werden. Auch Rittersporn und Lupinen verschwinden – kein Blatt, kein Stängel bleiben übrig. Aber das macht nichts: Ihre Wurzeln bleiben lebendig und erwachen im Frühjahr zu neuem Leben.

Frühstart

Schon im Februar juckt es dir in den Fingern, das Aussäen. Aber es ist noch zu kalt und zu früh. Trotzdem, weshalb nicht einen Versuch wagen? Säe einige Samen in eine Schale mit Erde. Stelle diese hinter einer Scheibe im Zimmer auf die Fensterbank, sodass sie Wärme und Licht bekommt. Die Keimlinge werden nicht lange auf sich warten lassen. Aber sie sind noch sehr empfindlich. Um sie abzuhärten, bevor du sie pikierst, kannst du sie ein wenig spazieren führen . . . und an die Sonne bringen.

Der Frost schlägt dreimal zu

In unserem gemäßigten Klima liegt die Temperatur
im Winter nicht dauerhaft unter null Grad. Dennoch
gibt es heftige Frostperioden. Ein guter Gärtner ist
vorbereitet und deckt seine Pflanzen zu. Ist die
Gefahr vorüber, müssen alle Vorrichtungen jedoch
wieder entfernt werden, damit die Pflanzen atmen
können und Licht bekommen. Diese Maßnahmen
musst du meist mehrmals ergreifen, da der Frost
nicht nur einmal zuschlägt!

Einige Sonnenstrahlen in der Kälte

Schutz vor dem Frost

Im Fachhandel gibt es eine große Auswahl an
geeigneten Materialien. Glashauben und
durchsichtige Frühbeetfenster aus Plastik sind
sehr nützlich. Vorhänge aus luftdurchlässigem
und leichtem Material reichen oft als
Abdeckung schon aus. Manchmal, wenn
der Frost sehr schlimm und hartnäckig ist,
musst du den Stoff sogar unter die Frühbeetfenster legen. Sei vorsichtig, wenn der Wind
aus nördlicher Richtung kommt, die
Temperatur sinkt und der Himmel klar ist: Morgen gibt es Frost. Säcke und alte Decken
schützen die kälteempfindlichsten Pflanzen.

*Schließe die
Frühbeetfenster.*

*Pass auf den
Wind auf!*

Das Überwintern von Geranien

November. Nach den grauen Tagen wird das Wetter wieder klarer. Für morgen früh ist der erste Frost angesagt und deine Geranien sind noch draußen. Aber es ist noch nicht zu spät. Sammle alle ein und bringe sie an einen geschützten Ort.

Ein geschützter Ort

Die Topfpflanzen müssen vor der Kälte geschützt untergebracht werden. Nur wo? Die Garage wäre praktisch, ist aber meist zu dunkel. Die Geranien würden zwar überleben, aber im April wären sie blass und mickrig. Sie bräuchten einen Monat, um sich zu erholen. Ein Gewächshaus ist natürlich ideal, wenn du eines hast. Dort bereiten sich die Pflanzen ab Januar auf ihre Blüte im April vor. Und warum nicht im Haus, wenn es hinter einer Scheibe Platz gibt. Die Geranie blüht dann schnell, vorausgesetzt du hast sie im Herbst nicht zurückgeschnitten. Die letzte Lösung ist im Garten vor einer Mauer, die nach Süden geht. Bei drohendem Frost musst du sie allerdings schützen.

Ein neuer Topf für den Winter

Wenn die Geranien im Freiland wachsen, musst du sie ausgraben. Sind sie im Topf, dann topfst du sie um. Auf jeden Fall sollten sie nach einer gründlichen Vorbereitung einen neuen Topf für den Winter bekommen.

❸ Schüttle die Erde ab und kürze die Wurzeln.

❶ Schneide alle kranken Blätter ab. Kürze die Pflanze so, dass nur die kräftigen Triebe aus diesem Jahr stehen bleiben.

❷ Besprühe die Blätter mit Pilz- und Insektenschutzmittel, sodass sie gut feucht sind.

❹ Pflanze die Geranie in einen sauberen, falls nötig mit Chlor desinfizierten Blumentopf. Fülle ihn mit Erde auf und gib einige Prisen Dünger hinein. Gieße und abtropfen lassen.

Dein Logbuch

Wie jedem Menschen kann es auch dir passieren, dass dein Gedächtnis dich im Stich lässt. Nun kann man aber nicht gärtnern, ohne Informationen über die Vergangenheit zu haben. Was hast du im letzten Jahr wann und mit welchem Ergebnis gesät? Das Logbuch wird dir helfen dich zu erinnern und zu vergleichen. Nimm ein Heft zur Hand und bereite die Seiten vor. Du kannst dich am folgenden Modell orientieren.

Themen
Anbau: Aussaat, Pikieren
Blüte, Ernte: Daten in die Tabelle eintragen
Beschreibung: Größe, Farbe, Form, Beurteilung des Ergebnisses
Pflege: Düngen der Erde (Art und Weise, Datum), Krankheiten und Behandlung (Art und Weise, Datum)
Wetter: Daten herausragender Ereignisse (Frost, Hagel, Sturm, starker Regen etc.)

Was kommt in das Logbuch?

Stell dir das Ganze als Tabelle vor, die die Seiten entweder nach den Pflanzen (diese Blume, jenes Gemüse) ordnet und alle Informationen über die Daten und Ergebnisse auflistet, oder aber nach Themen, sodass die Gartenarbeiten in den Linien auftauchen (Aussaat, Pikieren, Blüte . . .) und die Pflanzen in den Spalten (Radieschen, Stiefmütterchen . . .)

	Stiefmütterchen	Dahlien	Kartoffeln	Endivien	Tomaten
Aussaat	25. Juni	Februar		15. Mai	15. Februar
Pikieren	8. August	März			März
Einpflanzen	30. September	20. April	März bis April	30. Juni	Anfang M
Zurückschneiden					
Blüte oder Ernte	Februar bis Mai	Juni bis Oktober	8. Juni bis August	November bis Februar	Juli bis Oktober
Bemerkungen	Sehr hübsch mit Anemonen	Einfach; nächstes Jahr mehr davon pflanzen	Ein kleines Beet Frühkartoffeln gibt »neue« Ernte	Kleine Mengen im Winter im Keller einlagern	

Den Garten gestalten

Der Garten betrifft die ganze Familie.

Du hast große Lust, über seine Gestaltung auch deine eigene

Meinung zu äußern.

Tu es ruhig. Sei kreativ.

Vergewissere dich jedoch vorher,

dass deine Vorschläge

keine Spinnereien

sind.

Der Garten entwickelt sich

Ein Garten muss sich immer weiterentwickeln.
Wenn du aus dem Fenster schaust, hast du
vielleicht gute Ideen für Veränderungen. Aber
nicht jede Idee muss verwirklicht werden. Alles
ist eine Frage des Geldes, des Interesses und
der Zeit. Veränderungen im Garten lassen sich
nicht in wenigen Tagen bewerkstelligen.

Pläne schmieden

Wenn du alt genug bist, um im Garten mitzuhelfen,
ist euer Garten wahrscheinlich schon fertig angelegt.
Vielleicht ist es aber auch so, dass deine Familie
ein völlig neues Gartengrundstück bekommt,
das ihr gestalten könnt. Dann müsst ihr die
Gegebenheiten des Geländes, die Ausrichtung
des Grundstücks und des Gebäudes und eure
persönlichen Wünsche
berücksichtigen.

Was hat Vorrang?

Hier ist die Ecke, in der die Familie und die Freunde zusammen-
kommen, um gemeinsam draußen zu essen. Drüben ist ein
toller Platz für ein Klettergerüst. Und dort hinten scheint die
Erde für einen Gemüsegarten am besten geeignet zu sein. Aus
dem Küchenfenster möchte deine Mutter das Blumenbeet
sehen können. Und diese hässliche Garagenmauer – sollte
man nicht versuchen sie zu verstecken?

Natürliches Zusammenspiel

Vermeide es, Zwiebelpflanzen wie Tulpen oder Gladiolen in Reihen zu setzen. Auch eine Hecke aus aufgereihten Dahlien ist nicht sehr schön. Je größer der Garten, desto wichtiger ist es, die Pflanzen wohl überlegt zu verteilen.

Das farbliche Spiel mit Harmonie und Kontrast bringt jede einzelne Pflanze zur Geltung.

Die Blumenrabatte lebt von der Asymmetrie. Setze die Pflanzen nicht nebeneinander, sondern verteile sie in unregelmäßigen Gruppen.

Achte darauf, Pflanzen mit unterschiedlicher Wuchshöhe zu kombinieren: zum Beispiel Rittersporn und Zierknoblauch mit Gänsekresse.

Einem langen und schmalen Garten, der zwischen anderen liegt, kannst du eine farbliche Leitlinie geben: Hier ist es das Blau der Schmucklilien.

Gartenwege

Manche Wege müssen richtig angelegt und mit Steinplatten befestigt werden. Sie ermöglichen das Umhergehen im Garten an Regentagen. Im Gemüsegarten braucht man außerdem breite Wege, um mit der Schubkarre problemlos durchzukommen. Sie bestehen aus festgestampfter Erde, der ein imprägniertes Netz oder ein Filz unterlegt wurde, um das Wachstum von Unkraut zu vermeiden. Als Belag für die Wege im Ziergarten eignet sich besonders gut eine dicke Schicht Rindenmulch aus Kiefernrinde.

Deine persönliche Note

Rasen, Blumen in Reih und Glied, einige Rosen und andere Sträucher – hübsche Gärten, aber alle gleich! Du möchtest etwas Phantasie ins Spiel bringen? Dann kannst du zwischen den mehrjährigen Pflanzen einjährige Blumen mit kräftigen Farben erblühen lassen. Wenn dein Garten eher klein ist, solltest du dich für eine Farbe entscheiden, bei einem größeren Garten kannst du mehrere Farben mischen. Um die Harmonie zwischen den bereits vorhandenen Pflanzen zur Geltung zu bringen, wählst du zierliche Blumen wie Schmuckkörbchen aus.

Eine blühende Mauer

Die alte Mauer zu begrünen ist eine gute Idee! Am schönsten sieht es aus,
wenn der Eindruck entsteht, die Pflanzen seien ganz von selbst, aus Laune
der Natur, dort gewachsen. Gute Er-
folgsaussichten hast du, wenn du dich
zwischen Februar und März an die Arbeit machst. Mische Wasser, Gartenerde und Kompost zu einem flüssigen
Schlamm. Gieße diesen durch die lange
Tülle einer Gießkanne in die Spalten
zwischen den Ziegel- oder Feldsteinen.
Dann drückst du einige Samenkörner in
den Schlamm. Besprühe die Mauer bei
trockenem Wetter mit Wasser.

Die blauen Zwergglockenblumen passen gut zu Bartnelken und
Goldmohn.

Die blauen Aubretien sind ideal
für die Bepflanzung einer Mauer.

Alyssum wird auch
Steinkraut genannt.

Du und der Familiengarten

Eine Ecke des
Gartens gehört dir
allein – das ist nicht übel. Aber
wie wäre es, wenn du auch im
Familiengarten, in der Gemein-
schaft deiner Familie, mitarbeiten
würdest? Du könntest zum Beispiel der Salatspezialist werden.
Du säst und jätest Unkraut. Du
bereitest die Erde vor, pikierst
die Setzlinge und pflanzt sie
entlang einer Schnur ins Beet.
Außerdem kümmerst du dich
ums Gießen und die Vertreibung
der Schnecken. Und am Ende
trägst du deine Salaternte in die
Küche, sodass die ganze Familie
ihre Freude hat.

Du kannst auch Goldlack, Aubretien, Wolliges Alpen-Hornkraut und im
Schatten Zwergglockenblumen säen.

Ein Garten im Schatten

Die meisten Pflanzen lieben die Sonne. Sie brauchen sie, um zu wachsen und zu blühen. Aber in deinem Garten gibt es Ecken, die den ganzen Tag oder den größten Teil davon im Schatten liegen? Muss man sie ihrem traurigen Schicksal überlassen? Sicherlich nicht!

Unter Bäumen bringen Azaleen Farbe in den Garten.

Ein empfindlicher Garten

Du kannst es schaffen, die schattigen Plätze ebenso blühend und bunt zu gestalten, wie den Rest des Gartens. Sie werden sogar geheimnisvoller und attraktiver wirken, wenn du die Pflanzen gut auswählst und pflegst. Gewiss, die Umstände erfordern etwas Erfahrung . . . oder aber guten Rat. Jede Pflanze reagiert auf äußere Einflüsse anders. Je nachdem, ob dein Gartenstück im Halbschatten oder Vollschatten liegt, müssen andere Pflanzen gepflanzt werden. Viele sind recht anpassungsfähig. Wenn sie nicht die optimalen Lebensbedingungen vorfinden, wachsen sie einfach langsamer. Aber sie wachsen!

Die Feuchtigkeit besiegen

Unter großen Bäumen gibt es meist keine Probleme mit überschüssigem Wasser. Im Gegenteil. Die kräftigen Wurzeln saugen die Feuchtigkeit des Bodens schnell auf. Deshalb musst du daran denken, oft zu gießen. Dagegen ist besonders im nördlichen Schatten des Hauses die Verdunstung minimal. Das Wasser staut sich hier leicht im Boden, sodass Pflanzenwurzeln verfaulen. Deshalb solltest du für eine Drainage sorgen.

❶ Wenn die Erde schwer ist und klebt, mische Sand unter. Dadurch wird sie durchlässiger.

❷ Besser: Entferne die Humusschicht und lege eine flache Schicht aus Kieselsteinen unter.

❸ Noch besser: Wenn du die Erde wieder aufschüttest, forme sie zu einem kleinen Hügel. Damit besiegst du die Feuchtigkeit.

Im Halbschatten

Halbschatten entsteht durch lichtes Blattwerk oder auch durch ein Haus. Die Bepflanzung ist einfach.

Fuchsien, Begonien, Fleißige Lieschen, Funkien und Farne gedeihen im Halbschatten. Hier siehst du Funkien.

Büsche wie Azaleen, Rhododendren oder Hortensien breiten sich aus und können eine schöne Höhe erreichen, vorausgesetzt sie werden in Heide- oder Azaleenerde gepflanzt.

Im Vollschatten

Ob unter einer Magnolie oder einer Zeder – Vollschatten schränkt jeden Gärtner bei der Auswahl seiner Pflanzen ein. Man muss sich mit dem Möglichen zufrieden geben . . . ohne untätig zu sein.

Die hübsche Waldprimel blüht im Vollschatten. Ihre Blätter verkümmern, aber die gelben Blüten kannst du von März bis Mai bewundern.

Die Haselwurz gibt sich mit einem Schattenplatz zufrieden. Sie ist eine lohnende Anschaffung.

Der Rasen

Der Rasen ist so etwas wie der Teppichboden des Gartens. Kleinen Gärten verleiht er den Eindruck von Weite und Freizügigkeit. In größeren Gärten ist er das unverzichtbare Element eines Gesamtbildes, in der waagerechte und senkrechte Linien, das Grün und andere Farben zusammenspielen.

Den Boden vorbereiten

Einen schönen Rasen anzulegen erfordert eine mächtige Anstrengung. Einfach so Samen auszusäen bringt überhaupt nichts. Zuerst musst du mit dem Spaten oder einer Fräse die Erde umgraben, wobei du darauf achten musst, dass du möglichst viele unerwünschte Pflanzen und Wurzeln wie die von Quecken oder Gänsedisteln vernichtest. Dann musst du die Erde mit getrocknetem und sterilisiertem Mistgranulat düngen. Danach rechst du die Erde möglichst glatt und beendest die Vorbereitung mit einem sehr feinen Rechen, mit dem du alle Kieselsteine von der Oberfläche entfernen kannst.

Grabe die Erde gründlich mit einer Grabgabel um.

Das Aussäen ist eine heikle Angelegenheit.

Die Aussaat des Rasens

Rasen besteht aus Gräsern. Die Samen sind als fertige Mischungen erhältlich, bei deren Auswahl du überlegen solltest, ob du einen sehr feinen Rasen haben möchtest (den man nicht betreten darf!) oder eine Spielwiese. Die genauen Angaben sind auf den im Handel erhältlichen Samenmischungen abgedruckt. Im Allgemeinen brauchst du 30 g Samen pro m^2 Boden. Es ist also nicht einfach, ohne Abwiegen die richtige Menge Samen auszustreuen.

Die richtige Technik

Am besten unterteilst du die geplante Fläche mit Hilfe von gespannten Schnüren in Streifen von 1 m Breite. Dann machst du einen ersten Versuch: Wiege 30 g Samen ab und streue sie auf 1 m^2 Erde aus. Fahre dann mit schwungvollen Bewegungen fort . . . Zum Schluss drückst du die Erde mit einer Walze oder der Rückseite einer Schaufel fest und gießt die neue Saat.

Ein schöner Rasen

Eine Rasenfläche so zu pflegen, dass sie schön bleibt, ist mit viel Arbeit verbunden. Ist das Gras erst einmal gewachsen, werden regelmäßige Arbeiten unverzichtbar.

❶ Zwischen März und November musst du fast jede Woche mähen.
❷ Verteile alle 2 Monate Stickstoffdünger auf dem Rasen.
❸ Im Frühjahr wird Unkraut gejätet . . . Du kannst ein spezielles Unkrautvernichtungs-mittel gießen. Im Herbst wird der Rasen gegen Moos behandelt.
❹ Regelmäßiges und ausreichendes Sprengen ist notwendig, weil Rasen schnell unter Trocken-heit leidet. Entweder an jedem trockenen Tag oberflächlich gießen oder jede Woche gründlich wässern.

Pflanzensouvenirs

Im Urlaub hast du über eine Hecke gespäht und einen wunder-schönen Garten entdeckt. Der freundliche Gärtner hat dich herein-gebeten und dir sogar einige Pflanzen geschenkt. Was machst du nun mit diesem Schatz? Wenn du innerhalb von 48 Stunden nach Hause fährst, kannst du etwas Moos suchen, es gut anfeuchten und die Wurzeln damit umwickeln. Stecke das Ganze in einen Plastiksack und pflanze dein Mitbringsel gleich nach deiner An-kunft ein. Wenn du die Pflanzen aber noch längere Zeit aufbewah-ren musst, solltest du sie in kleine Becher pflanzen, die du mit Er-de füllst. Wenn sie später in deinem Garten gedeihen, erinnern sie dich an den netten Gärtner und deine schönen Ferien.

**Im Frühjahr blü-
hende
Magnolie**
Sie bringt im April
weiße oder rosa
Blüten hervor, die
denen der Tulpen
ähneln.

*Blüte der
Magnolie*

*Frucht der
Magnolie*

Die Libanonzeder
Dieser Riese erreicht in etwa 100 Jahren
seine schönste Form! Aber schon früher
rufen seine beeindruckende Gestalt und
die dicken Nadeln Bewunderung hervor.
Man muss ihm etwa 120 m² Fläche einplanen, denn er breitet sich aus.

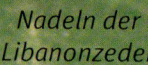

*Nadeln der
Libanonzeder*

*Zapfen der
Libanonzeder*

*Blüte der
Eberesche*

*Früchte der
Eberesche*

Die Eberesche
Ebereschen kön-
nen für angeneh-
men Halbschatten
sorgen, ohne dass
die Pflanzen in ih-
rer Nähe Schaden
nehmen. Wenn sie
blüht, ist sie eine
Augenweide.

Das Versteck
Die Tür eures Hauses
geht zum Garten?
Wenn du weggehst
und den Schlüssel zurücklassen
musst, gibt es bessere Lösungen,
als ihn unter der Fußmatte zu verstecken. Verstecke ihn doch in der
Nähe eines Baumes und hinterlas-
se eine Notiz mit dem lateinischen
Namen des Baumes: *Acer palma-
tum* zum Beispiel. Kein Einbrecher
wird das verstehen. Aber deine Eltern, die erfahrene Gärtner sind,
werden wissen, um welchen Baum
es sich handelt.

Bäume im Garten

Ohne Bäume wirkt jeder Garten kahl und nackt. Aber das Pflanzen von Bäumen will wohl überlegt sein: Einige Jahre lang freut man sich, dass sie so schön wachsen. Dann, eines Tages merkt man, dass sie nun höher als das Haus sind und zu viel Schatten werfen.

Die Auswahl der Bäume

Du musst einen Baum ja nicht direkt neben das Haus pflanzen. Aber egal, wohin er soll, immer musst du dich fragen, wie hoch er wird, wohin sein Schatten fällt, ob er weit genug von der Grundstücksgrenze entfernt ist und ob der Boden geeignet ist. Und schließlich musst du dich entscheiden, ob er immergrün oder sommergrün sein soll, ob du helle oder dunkle Blätter und eventuell Blüten möchtest. In den Gärtnereien findest du eine enorme Auswahl an großen und kleinen Bäumen mit Ballen und im Topf, die du sofort einpflanzen kannst. Wähle ein Exemplar mit jungen und gut entwickelten Zweigen aus.

Der Japanische Ahorn
Dieser kleine Baum wächst sehr langsam und braucht Heideerde.
Die farbigen, gelappten und gezähnten Blätter geben dem Garten eine elegante Note.

Frucht des Japanischen Ahorn

Blatt des Japanischen Ahorn

Der Trompetenbaum
Er wächst sehr schnell, sorgt für angenehmen Schatten und bekommt im Juli unzählige weiße Blüten. Er braucht allerdings regelmäßig Wasser und Dünger.

Blüte des Trompetenbaumes

Frucht des Trompetenbaumes

Obstbäume

Obstbäume sind das ganze Jahr über
schön anzusehen. Sie feiern den Frühlings-
anfang, indem sie sich einen Blütenmantel
umhängen. Erst danach
sprießen die hübschen zartgrünen
Blätter, die die Früchte schützen.
Nach der Ernte werden sie
zunehmend gelb und das
herabfallende Laub bedeckt
die Erde.

Der Apfelbaum

Die untersten Äste des Ap-
felbaumes wachsen etwa
2 m über dem Boden. Er
muss regelmäßig be-
schnitten werden, nicht
nur um ihm eine schöne
Form zu geben, sondern
auch um die Fruchtbildung
sicherzustellen. Außerdem
muss er gepflegt, also vor-
beugend mit Spritzmitteln
gegen Krankheiten, Insek-
tenbefall und die winzigen
roten und gelben Spinnen
behandelt werden.

Eine Birne in der Flasche

Wähle im Juni eine ganz kleine Birne aus, die an
einem kräftigen und nach Norden gerichteten Ast
wächst. (Vermeide eine südliche Ausrichtung, weil
die Sonnenstrahlen die Frucht durch das Glas, das
wie ein Vergrößerungsglas wirkt, versengen würden.) Schiebe die kleine Birne in die Flasche und
befestige sie gut an dem Ast. Die Birne wird in den
folgenden Wochen als Gefangene in der Flasche
wachsen. Manche Liebhaber füllen die Flasche
nach der Ernte mit Schnaps.

Vorsicht!

Jeden Tag zwei- oder dreimal auf den Kirschbaum zu klettern, um Kirschen zu naschen, ist wunderbar. Du solltest aber dabei nicht unvorsichtig werden. Da viele Äste krumm sind, kann es sein, dass die Leiter nicht stabil steht. Binde sie lieber mit einer Schnur gut am Baum fest. So bist du wirklich sicher.

Der Kirschbaum

Er ist der Lieblingsbaum von Kindern. Außerdem ist er der unkomplizierteste und widerstandsfähigste unter den Obstbäumen. Er braucht auch nicht beschnitten zu werden. Allerdings sollte man ihn gleich nach dem Einpflanzen so formen, dass man leicht hinaufklettern kann. Wähle einen Kirschbaum aus, dessen Früchte du magst, der zur gewünschten Zeit reife Kirschen trägt und dessen Äste gut verteilt sind.

Apfel- und Birnbäume am Spalier

Eine Mauer mit Obstbäumen zu schmücken ist eine gute Idee! Sie brauchen wenig Platz, strecken ihre Wurzeln aber in den Garten aus, müssen gedüngt werden und tragen Früchte. Der erste Schritt ist das Anbringen eines soliden Holzgitters an der Mauer. An ihm werden die Äste festgemacht. Dann werden die Bäume ausgewählt, die es bereits in Spalierform zu kaufen gibt. Durch den richtigen Schnitt und das Anbinden der Äste wächst die Mauer über Jahre hinweg zu.

Dein Name auf einem Apfel

Im Juli haben Äpfel ihre endgültige Größe erreicht, sind aber noch bleich. Schneide die Anfangsbuchstaben deines Namens aus selbst klebendem Papier aus und klebe sie auf die Seite eines Apfels, die viel Sonne abbekommt. Der Apfel nimmt in den nächsten Wochen Farbe an, während deine Initialen hell bleiben.

Ein Wald im Garten

Wenn du im Oktober an einem Kastanienbaum vorbeikommst, kannst du eine Kastanie mitnehmen. Ihre glatte und glänzende Schale schützt den Samen. Aus diesem Samen kann ein neuer Keim wachsen, der eine neue Pflanze hervorbringt. Wie wäre es, wenn du diesen und andere Samen aussäen würdest? Du könntest dir so einen schönen Baumbestand heranziehen.

Alles zu seiner Zeit

Eicheln, Kastanien oder Nüsse fallen im Herbst von den Bäumen. Sie bleiben den Winter über auf der Erde liegen. Manche von ihnen, die auf fruchtbaren Boden gefallen sind und weder gesammelt noch verzehrt wurden, werden im Frühjahr keimen und wachsen. Andere warten noch ein ganzes Jahr, bevor sie sich öffnen.

Samen sammeln

Für das Sammeln der Eicheln oder Kastanien brauchst du keine Ratschläge. Aber manche Bäume haben winzige Samen, obwohl sie selbst sehr groß sind. Zum Beispiel die Ulme. Sie lässt ihre Samen, die sofort nach dem Landen keimen, schon im Frühjahr ausfliegen. Die Samen der Buche sind in den Bucheckern enthalten. Die kleinen Samen der Platane sind zu einer runden Kugel zusammengedrängt. Sammle kleine Samenkörner in Beuteln mit Aufklebern. Bevor du sie lagern kannst, musst du sie zum Trocknen an der Luft ausbreiten.

Frucht der Platane

Buchecker

Samen der Ulme

Eichel

Kastanie

Kiefernzapfen

Bäume säen

Erwarte keine Wunder: Nicht alle Samen keimen tatsächlich. Aber wenn du bei der Aussaat sorgfältig bist, ist es gar nicht unwahrscheinlich, dass du Bäume sprießen siehst.

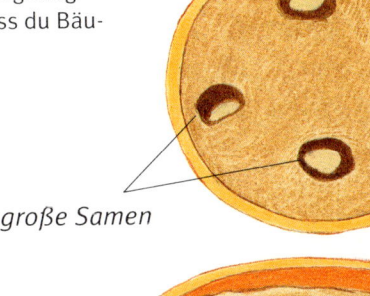

❷ Wenn die Samen groß sind, solltest du nicht zu viele in einen Topf legen: 4 oder 5 vielleicht. Bei mittelgroßen wie Kirschkernen kannst du etwas großzügiger verfahren und etwa 10 einsetzen.

große Samen

Mischung aus Blumen- und Gartenerde

Sand

Höhe eines Samens

❸ Säe kleine Samen auf der Oberfläche aus – aber nicht zu dicht. Wie tief die Samen in die Erde gelegt werden, hängt von ihrer Größe ab und sollte dieser etwa entsprechen.

❶ Fülle den unteren Teil des Topfes mit Sand und den oberen mit einer Mischung aus Blumen- und Gartenerde.

Ein Baum pro Topf

Wenn die Samen schließlich gekeimt haben, wartest du, bis sich die ersten Blätter zeigen. Dann suchst du die schönsten Exemplare aus und schneidest die anderen mit einer Schere ab. Den ausgewählten Setzling topfst du in einen größeren Topf um (mindestens 30 cm Durchmesser), wenn er eine Höhe von 20 cm erreicht hat. Bringe diesen Topf dann an einen sonnigen Standort im Garten und grabe ihn zu einem Drittel ein. Vergiss nicht zu gießen.

Und dann?

Du pflanzt nicht alle diese Bäume in deinen Garten. Denn wenn sie heranwachsen, nehmen sie schnell zu viel Raum ein. Weshalb gehst du also nicht los und setzt sie an einer geräumigen und geschützten Stelle in der Natur aus: an einem See oder Waldrand? Du musst sie deshalb nicht vergessen. Besuche sie immer wieder und beobachte ihre Entwicklung. Schließlich sind sie deine Bäume.

iche, Kiefer, Liguster – aus kleinen Pflanzen werden große äume.

Die Hecke

Eine Hecke ist unbezahlbar, wenn ein scharfer Wind bläst oder wenn neben dem Grundstück Autos fahren. Es gibt zwei Arten von Hecken. Ein lebender Zaun dient als Begrenzung des Gartens nach außen, während eine Zierhecke Teil der Gartenanlage ist. Denk daran, dass du dich um jede Hecke regelmäßig kümmern musst.

Der lebende Zaun

Er stellt eine fast undurchdringliche Abgrenzung dar. Wenn die Hecke dicht gewachsen ist, kannst du deinen Freund im Nachbargarten nicht mehr sehen. Lebende Zäune bestehen aus Büschen mit immergrünen Blättern und müssen 2 mal pro Jahr gestutzt werden: im Mai und Ende September. Je nach Größe reicht eine Garten- oder Heckenschere aus. Eine elektrische Heckenschere darf nur von Erwachsenen bedient werden.

Ligusterhecken sind die bekanntesten unter den Hecken. Sie bringen unzählige weiße Blüten mit einem durchdringenden Geruch hervor, können aber einen Teil der Blätter im Winter verlieren.

Blüte eines Ligusterstrauches

Blüte des Kirschlorbeers

Der **Kirschlorbeer** wächst schnell und bildet mit seinen dunkelgrünen, glänzenden und ledrigen Blättern eine wirklich blickdichte Hecke.

Blüte des Buchsbaumes

Thujazweig

Auch der **Thuja** wächst nicht besonders schnell, aber seine abgeflachten Zweige mit den kleinen Schuppen machen die Hecke undurchdringlich. Er kann sehr hoch werden.

Der **Buchsbaum** wächst sehr langsam, formt aber mit seinen kleinen dunkelgrünen Blättern die elegantesten Hecken.

Die Zierhecke

In einer Zierhecke wachsen Bäume und Büsche nebeneinander. Sie ist an manchen Stellen undurchdringlich, an anderen aber dünner bewachsen. Sie blüht zeitlich und räumlich versetzt. Hier kannst du wirklich viel ausprobieren und mit verschiedenen Elementen spielen. Gestalte deine Hecke, wie du sie magst! Vögel nisten in ihren Zweigen und ernähren sich von ihren Beeren, ein Igel bezieht mit seiner Familie Quartier und eine Kröte verkriecht sich in der Erde unter ihr.

Der **Mittelmeerschneeball** hat kräftige und hübsche Blätter. Er ist beliebt, weil er an einem sonnigen Standort auch im Winter blüht.

Die **Japanische Zierquitte** trägt im Frühjahr, bevor die Blätter erscheinen, rote Blüten.

Mittelmeerschneeball

Japanische Zierquitte

Flieder

Der **Flieder** ist die Krönung jeder Zierhecke. Seine rosa, lila oder weißen Blüten verströmen im Frühjahr ihren Duft.

Forsythie

Die **Forsythie** gehört zu den ersten, die im Frühjahr blühen: Goldgelbe Blüten wachsen auf den Trieben vom Vorjahr.

Der **Ginster** mit seinen dünnen graugrünen und geschwungenen Zweigen ist im Juni mit gelben Blüten übersät.

Ginster

Schneeball

Der **Schneeball** kann bis zu 4 m hoch werden. Seine Blüten bilden leuchtend weiße Kugeln.

Die Hecke und der Nachbar

Auch für die Bepflanzung von Gärten gelten Gesetze: Jeder Baum oder Busch, der gepflanzt wird, muss einen bestimmten Abstand zum Nachbargrundstück haben. Und das hat seinen Grund: Pflanzen respektieren kein Eigentum und die Wurzeln wachsen dorthin, wo die Erde am fruchtbarsten ist . . . und das ist manchmal der Nachbargarten. Informiere dich über die in deinem Bundesland geltende Rechtslage.

Formen durch Beschneiden

Mit der Gartenschere zu hantieren ist am Anfang etwas beunruhigend. Irgendwann wird es interessant und sogar unterhaltsam. Fast alle Büsche und Bäume des Gartens können oder müssen beschnitten werden.

Dieser Säckelblumen-Strauch hat auch ohne Schnitt eine sehr schöne Form.

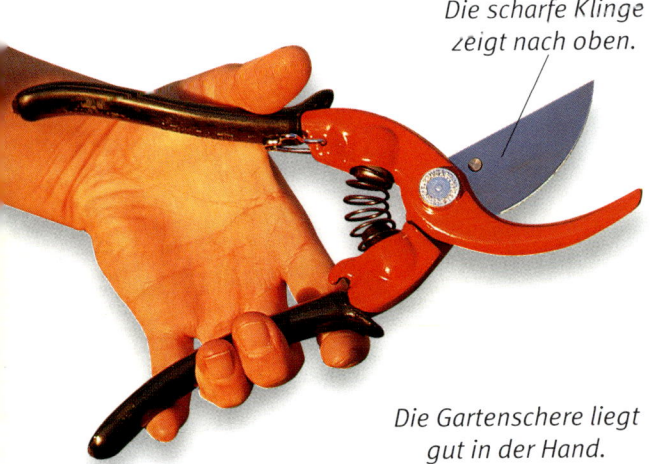

Die scharfe Klinge zeigt nach oben.

Die Gartenschere liegt gut in der Hand.

Das Beschneiden von Gehölzen

Man beschneidet nicht alle Büsche zur gleichen Zeit. Gehölze, die wie Pflaumen, Forsythien oder Deutzien früh im Jahr blühen, müssen nach ihrer Blüte beschnitten werden. Denn die Zweige, die in diesem Jahr wachsen, bringen im nächsten Jahr die Blüten hervor. Wenn du sie vor der Blüte stutzt, darfst du dich nicht wundern, wenn sie nie blühen. Sträucher, die wie der Hibiskus oder die Kreppmyrthe im Sommer blühen, müssen im Winter beschnitten werden. So haben sie Zeit, neue Zweige auszubilden, und auf diesem jungen Holz wachsen später die Blüten.

Warum beschneiden?

In der Natur gibt es niemanden, der Gehölze beschneidet. Bäume und Sträucher wachsen völlig frei. Im Garten ist das anders. Wir wollen, dass die Pflanzen nach unserem Geschmack wachsen und deshalb geben wir ihnen eine bestimmte Form. Wir wollen, dass sie elegant aussehen. Wenn ein Ast aus unerfindlichen Gründen in die Länge schießt, während die anderen sich nicht verändern, stellt ein Schnitt mit der Gartenschere das Gleichgewicht wieder her. Wir wollen aber auch ein bestimmtes Ziel erreichen. Da die Blüten nicht überall auf den Ästen und Zweigen wachsen, können wir durch das Beschneiden erreichen, dass das Gehölz schön blüht und prächtige Früchte hervorbringt.

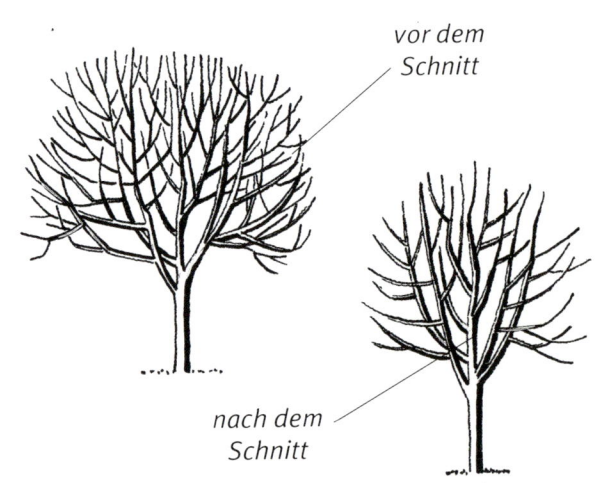

vor dem Schnitt

nach dem Schnitt

Obstbäume beschneiden

Keine Frage, auch unbeschnittene Bäume bringen Früchte hervor – wie in der Natur. Aber diese Früchte sind klein und die Ernte kann möglicherweise nicht jedes Jahr erfolgen. Um regelmäßig schöne Früchte zu ernten, müssen Obstbäume beschnitten und ausgedünnt werden.

Lasse die größten Früchte hängen.

Der Schnitt
Das Grundprinzip lautet: Die Zweige stehen lassen, auf denen die Knospen sitzen, und diejenigen ohne Knospen zurückschneiden, weil sie dem Baum Kraft rauben.

Das Ausdünnen
Sobald die Früchte die Größe einer kleinen Nuss haben, entfernst du einige. Lasse an einem Zweig nur alle 12 bis 15 cm eine Frucht stehen, wenn möglich abwechselnd eine links und eine rechts.

Die Weinlaube
Eine Rebe klettern zu lassen ist selbst in einem ganz kleinen Garten möglich. Ihre Wurzeln dringen tief in den Boden ein und der Stamm kann sehr lang werden, wenn man ihm hilft sich festzuhalten. Stelle dir vor, du kannst im Sommer in deiner eigenen Laube im Schatten sitzen! Ein Weinstock kann ohne große Pflege wachsen und sich nach 2 bis 3 Jahren verzweigen. Lässt du ihn unbeschnitten, wird er allerdings keine schönen Trauben tragen. Deshalb stutze ihn im Winter. Reben brauchen Wärme und Trockenheit. Sie sind anfällig für Krankheiten.

Verrückte Einfälle

Wenn du etwas Platz im Garten übrig hast, kannst du deiner Phantasie freien Lauf lassen, um ihn zu gestalten. Stell aber lieber keine Hasen, Zwerge oder Pilze aus Plastik auf! Nein, gönn dir das Vergnügen, etwas Neues zu schaffen und dich selbst und deine Einfälle zu verwirklichen.

Das besondere Spielbrett

Diese Idee ist einfach zu realisieren, erregt aber trotzdem Aufsehen. Es geht darum, im Rasen durch unterschiedliche Färbung der Gräser ein Spielbrett (oder – je nach Wunsch – eine andere Figur) entstehen zu lassen.

Gieße ausreichend.

Stickstoff

❶ Auf dem frisch gemähten Rasen spannst du Schnüre, um ein Viereck mit 1,50 m Seitenlänge zu markieren. In diesem Viereck spannst du ebenfalls je 2 Schnüre, die sich im rechten Winkel kreuzen. Dieses Liniengitter ergibt 9 Vierecke mit je 50 cm Seitenlänge. An den Schnüren entlang streust du Stickstoffdünger aus und gießt kräftig.

❷ Nach einer Woche erscheint das Gras, das mit dem Stickstoff in Berührung gekommen ist, viel dunkler als der Rest des Rasens. Dein ganz besonderes Spielbrett ist zu sehen. Und es hält sich sogar! Ihr könnt nun versuchen von einem festgelegten Punkt aus flache Steine oder Ringe in die Vierecke zu werfen. Erfinde selbst Regeln und ein Bewertungssystem.

Eine Perücke für den Kieselstein

Suche an einem Fluss- oder Bachufer nach einem größeren Stein. Er sollte auf jeden Fall weiß sein oder eine helle Farbe haben und wenn möglich an ein menschliches Gesicht erinnern. Stelle ihn auf eine flache Steinplatte und pflanze genau dahinter einen wolligen Thymian oder einen kleinblättrigen Efeu. Im Laufe eines Jahres wird die Pflanze über den Stein klettern. Nun kannst du sie so anordnen, dass das »Gesicht« frei bleibt und eine hübsche Haartracht bekommt. Du kannst diese Haare so schneiden, wie es dir gefällt, und dem Gesicht mit Farbe oder Filzstiften menschliche Züge verleihen.

Die Vogelscheuche

Ihre Wirksamkeit ist zwar nicht sicher – manchmal kommt es auch vor, dass die Vögel sich auf ihre Schultern setzen und auf einen guten Zeitpunkt warten, um sich über die Kirschen herzumachen – trotzdem ist sie lustig und belebt eine Ecke deines Gartens. Außerdem macht es Spaß, sie zum Leben zu erwecken.

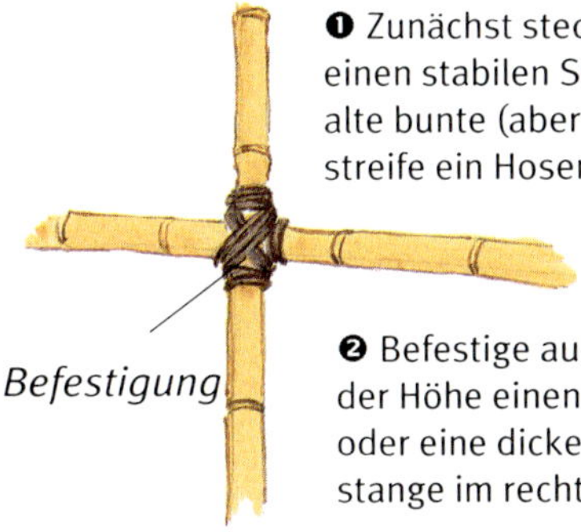

❶ Zunächst steckst du an der gewünschten Stelle einen stabilen Stock in den Boden. Nimm einige alte bunte (aber nicht rote) Kleidungsstücke und streife ein Hosenbein über den Stock.

Befestigung

❷ Befestige auf zwei Dritteln der Höhe einen geraden Ast oder eine dicke Bambusstange im rechten Winkel.

❸ Binde die Hose mit einem Gürtel fest und fülle beide Hosenbeine mit Stroh oder Papier. Binde sie unten zu.

Knöpfe

❹ Streife die beiden Ärmel der Jacke über die waagerechte Stange und fülle auch sie mit Stroh. Binde den Kragen und die Ärmel zu.

❺ An Stelle der Hände befestigst du Stofffetzen an die Stange, die im Wind flattern und die Vogelscheuche lebendiger und »echter« wirken lassen.

Hut

❻ Bastle aus einem hellen Stoffsack einen Kopf und fülle auch ihn mit Stroh. Gestalte das Gesicht darauf so, wie es dir gefällt. Binde den Kopf dann auf das Ende des Stockes.

Stroh

Der Gemüsegarten

Ein Gemüsegarten ist etwas für Feinschmecker.

Er bietet ein Bild des Überflusses. Die leeren Flächen erinnern

an das vor kurzem geerntete Gemüse. Schnell werden sie

umgegraben und erneut bepflanzt. Die aufgelockerte und

gedüngte Erde der Gemüsebeete sollte immer für neue

Setzlinge oder Samen bereit sein.

Den Korb füllen

Du hilfst vielleicht im Gemüsegarten deiner Eltern oder
Großeltern mit. Vielleicht hast du
aber auch ein kleines Stück Garten für dich? Dann kannst du dort
in letzter Minute Gemüse holen,
damit es wirklich frisch auf den
Tisch kommt.

geschossener Salat

Besuch im Gemüsegarten

Mit dem Korb am Arm und einem
Messer in der Tasche ziehst du stolz zur Ernte in den
Garten. Du freust dich über diese Gelegenheit, eine Runde im Garten
drehen zu können. Denn auch wenn du eigentlich Nachschub für
die Küche besorgen willst, kannst du den Zustand der verschiedenen
Gemüsesorten kontrollieren. Du fühlst dich der Natur und dem Zyklus
der Jahreszeiten nahe. Und du hast immer ein Gesprächsthema für
einen Plausch mit den Gärtnern in deiner Nachbarschaft!

Genieße die
grünen Bohnen.

Es ist sehr heiß gewesen, sodass der
Salat »geschossen« ist. Jetzt kann man
ihn nur noch kochen.

Mehltau

Es hat viel geregnet –
Krankheiten drohen!

Ein dekorativer Gemüsegarten

Langweilig, der Gemüsegarten? Aber nein! Seine Reihen sind zwar ziemlich gerade und von schmalen Wegen begrenzt, sodass ein sehr geordneter Eindruck entsteht. Aber jedes Beet hat eine andere Farbe oder Farbschattierung und jede Gemüseart bringt eigene Formen hervor. Insgesamt ein schönes Bild. Damit ein Gemüsegarten schön anzusehen ist, muss er allerdings gut gepflegt werden. Außerdem kannst du ihn mit einigen Blumen am Rand der Beete schmücken. Pflanze aber nur wenige Zierpflanzen als Augenweide, denn zu viele davon würden dem Gemüse die Nährstoffe wegnehmen.

Rhabarber

Lauch

Kartoffeln

Karotten

Erdbeeren

Kohl

blühender Schnittlauch

Eine Last?
Nein, ein Vergnügen!

Die Arbeit im Gemüsegarten ist nicht anstrengend und geht meist schnell. Am besten legst du ganz kleine Flächen an. 1 oder 2 m² Erde umzugraben oder eine Reihe abgeernteter Salatköpfe wieder herzurichten dauert nur so lange wie deine Morgentoilette . . .
Gleich nach der Ernte werden freie Flächen wieder bearbeitet. Reinige die Erde zuerst, füge ihr Kompost und Dünger hinzu, um sie fruchtbarer zu machen, und grabe sie dann sorgfältig um. Zum Schluss wird entweder neu angepflanzt oder gesät oder aber die fertigen Beete warten einige Zeit auf ihre neue Bepflanzung.

Artischocken

Sicherlich weißt du, was Disteln sind? Na bitte! Auch Artischocken sind Disteln. Gärtnern ist es durch Zucht gelungen, sie zu domestizieren. Sie haben keine Dornen mehr, dafür eine riesige Blütenknospe, deren »Blütenboden« von kräftigen Schuppen, den »Blütenhüllblättern«, geschützt wird.

Artischockenstaude

Ein Platz an der Sonne

Artischocken brauchen viel Platz. Jede Pflanze bedeckt mit ihren eleganten grauen Blättern 1 m² Boden. Sie wächst mehrere Jahre an derselben Stelle und bringt eine schöne Ernte hervor: 4 bis 5 Blüten. Allerdings ist sie sehr anspruchsvoll. Sie braucht tiefe Erde, in die sie ihre kräftigen Wurzeln versenken kann, viel Humus und Mist. Sie leidet im Winter unter übermäßiger Feuchtigkeit, braucht im Sommer aber regelmäßig Wasser. Sie fürchtet als Pflanze des Mittelmeerraumes außerdem die Kälte, sodass sie geschützt werden muss, sobald die Temperaturen unter −5 °C sinken.

Artischockenblüte

Schneidest du die Blüten nicht ab, wenn sie reif sind, erlebst du eine wirklich schöne Überraschung: Die Blütenblätter gehen auf und der Blütenboden beginnt zu blühen. Unzählige kleine violette Blütenkelche entfalten sich dicht gedrängt nebeneinander. Ideal für einen originellen Blumenschmuck im Haus! Und so schön, dass es sich lohnt, einige Artischocken nicht aufzuessen.

grüne Blätter

Samen

essbares Herz

Blüten

Stängel

📓 **Pflanz-
kalender**

Pflanzung: September
oder März
Ernte: im folgenden
Frühling oder Herbst

Der richtige Abstand

Die Pflanzen, die du kaufst oder geschenkt bekommst, sind so genannte
»Schösslinge«, also kleine Pflanzen, die an der Mutterpflanze abgenommen werden. Man pflanzt immer 2 davon zusammen ein, mit einem Abstand von 20 cm. Sie bilden eine Staude. Die nächste Staude wird in einer Entfernung von 1 m gesetzt.

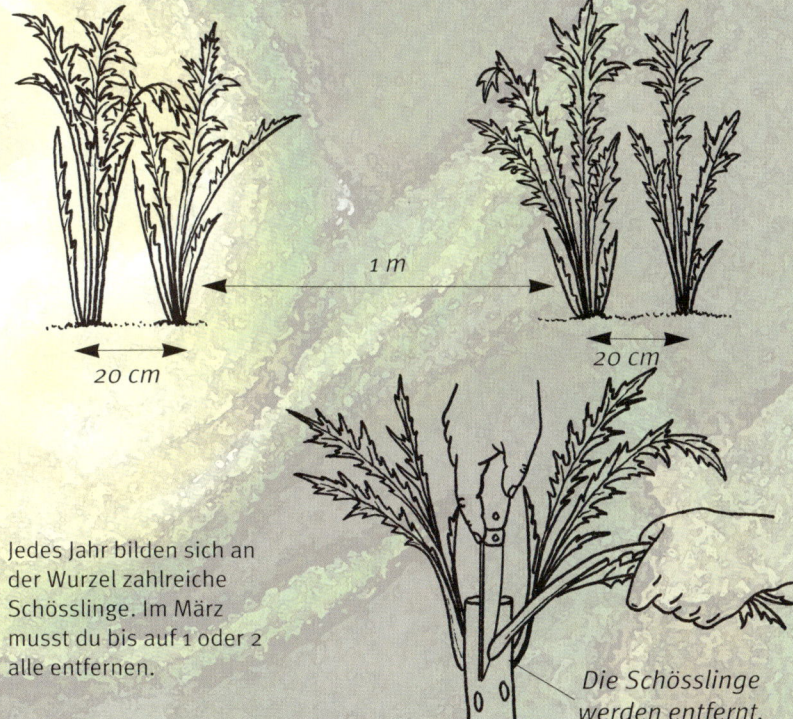

1 m

20 cm

20 cm

Jedes Jahr bilden sich an
der Wurzel zahlreiche
Schösslinge. Im März
musst du bis auf 1 oder 2
alle entfernen.

*Die Schösslinge
werden entfernt.*

Artischocken
auf griechische Art

Dieses Gericht wird
in Griechenland und
der Türkei im Frühjahr häufig
zubereitet.

• Entferne die Blätter und Haare
der Artischockenherzen. Reibe
sie mit Zitrone ein, damit sie
nicht schwarz werden.

• Gib ein Glas Wasser und zwei
Löffel Olivenöl in einen großen
Kochtopf. Füge junge Bohnen
und die Artischockenherzen hinzu. Lasse das Ganze 40 min auf
kleiner Flamme zugedeckt köcheln.

• Bereite aus Zitronensaft, einem Ei und gehacktem Dill eine
Soße zu. Nimm den Topf vom
Feuer und gieße die Soße über
die Artischocken: Sie wird beim
Hin- und Herschwenken des
Topfes fest.

Karotten

Karotten sind ein sehr verbreitetes Gemüse, obwohl sie nicht immer gut schmecken. Vielleicht hast du schon einmal harte, geschmacklose Karotten vorgesetzt bekommen . . . Deine eigenen Karotten, die du von Hand gesät und gepflegt hast, sind jedoch ein wahrer Genuss. Und zwar roh und gekocht.

Karotten säen

Karotten lieben einen lockeren Boden. In einer schweren und steinigen Erde verdrehen sie sich und werden hart. Bevor du aussäst, musst du deshalb alle Kieselsteine entfernen und etwas Sand und Blumenerde unterheben. Lege eine flache Furche an, streue die Samen so regelmäßig wie möglich aus und bedecke sie mit einer feinen Schicht Erde. Gieße sie vorsichtig mit der Tülle.

Viele kleine Sämlinge

Säe nicht zu viele Samen auf einmal aus, sondern lieber jeden Monat, zwischen Februar und Juli, einige wenige. So kannst du den ganzen Sommer über frische und zarte Möhren ernten.

❷ Pikieren musst du bei Karotten zweimal. Das erste Verziehen findet statt, wenn die Keimlinge 2 Blätter haben. Lasse alle 4 cm ein Pflänzchen stehen.

❶ Im Juli musst du mehr Samen aussäen als sonst, denn diese Ernte soll bis zum nächsten Frühjahr reichen. Schließlich sind Möhren in der Küche unverzichtbar.

❸ 15 Tage später entfernst du noch mal die Hälfte der Pflanzen, bis sie in einem Abstand von 8 cm wachsen.

Wähle die dicksten Möhren in jeder Reihe aus.

Kraut

fleischige Wurzel

Wurzelspitze

Die Saat umsorgen

Vor der Aussaat hast du etwas Dünger unter die Erde gemischt: 20 g auf 1 m². 6 Wochen nach dem Keimen hackst du vorsichtig ein zweites Mal Dünger unter (6 g pro m²). Im Februar oder Oktober darfst du nicht vergessen die Aussaat mit einem Frühbeetfenster oder einer Plastikfolie zu schützen, falls Frost droht.

Karotten sollten nicht mit Mist oder frischem Kompost gedüngt werden, weil das zu gespaltenen Wurzeln führen kann.

Zarte Möhrchen

Zutaten: Butter, 2 Kartoffeln, 2 Karotten, Petersilie

• Karotten und Kartoffeln schälen. Karotten der Länge nach halbieren; Kartoffeln in dicke Scheiben schneiden.

• Im Dampfkochtopf zuerst die Karotten, dann die Kartoffeln garen. Danach etwas abkühlen lassen.

• Die Pfanne mit Butter ausstreichen und die Karotten und Kartoffeln flach hineinlegen. Von beiden Seiten goldbraun anbraten. Mit gehackter Petersilie bestreuen und servieren.

Blätter kopfüber

Das folgende kleine Experiment ist lustig, zeigt aber auch die außergewöhnlichen Möglichkeiten der Karottenwurzel.

❶ Nimm eine schöne Karotte mit Kraut und kürze die Blätter so, dass 3 cm der Stängel übrig bleiben. Schneide die Karotte auf eine Länge von 6 cm zurück.

Lasse 3 cm der Stängel stehen.

❸ Stecke vier kurze Hölzchen in die ausgehöhlte Karotte, befestige einen Faden an ihnen und hänge die Karotte an einem hellen Ort auf. Nun musst du nur noch darauf achten, dass der Hohlraum immer voller Zuckerwasser ist.

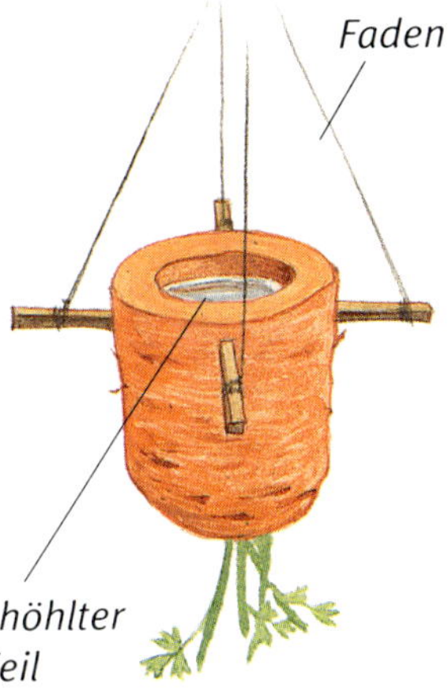

Faden

Mark der Karotte

ausgehöhlter Teil

❷ Schäle vorsichtig auf einer Länge von 3 cm das Mark (es ist heller als die Rinde) heraus.

❹ Sehr schnell sprießen am unteren Ende der Möhre neue Blätter, die nach oben wachsen.

Essiggurken, Salatgurken und Zucchini

Sind Essiggurken kleine Salatgurken…
oder Salatgurken große Essiggurken?
Tatsächlich handelt es sich um dieselbe
Frucht, die in verschiedenen Stadien
der Reife geerntet wird. Auch
Zucchini gehören zu dieser
Familie der Kürbisgewächse.

Zucchini kann man im Überfluss ernten.

Gurken und Zucchini aussäen

Die großen Samenkörner der Gurken und Zucchini
dürfen erst dann ins Freiland gesät werden, wenn
wirklich kein Frost mehr droht. Ansonsten sollte
man sie lieber in Bechern ziehen und diese in der
geschützten Wärme an einem sonnigen Fenster
aufstellen. Säe immer 2 Samen nebeneinander und
behalte nur den kräftigeren der beiden Keimlinge.
Diesen setzt du in den Gemüsegarten…

Essig- und Salatgurken ernten

Bei den im Handel erhältlichen Samen unterscheidet
man jene, die sich eher als Salatgurken eignen, von
jenen, die bessere Essiggürkchen abgeben. Die
ersten ermöglichen eine anhaltende Ernte und
einen üppigen Ertrag. Die anderen ergeben sowohl
Essiggurken als auch Salatgurken (wenn du vergisst
sie zu ernten oder absichtlich hängen lässt). Essiggurken müssen unbedingt alle 2 Tage abgenommen
werden. Um eine schöne Ernte sicherzustellen, sollte
man darauf achten, nicht zu viele Gurken auf einmal
reifen zu lassen. Die Pflanzen sind sonst schnell
ausgelaugt.

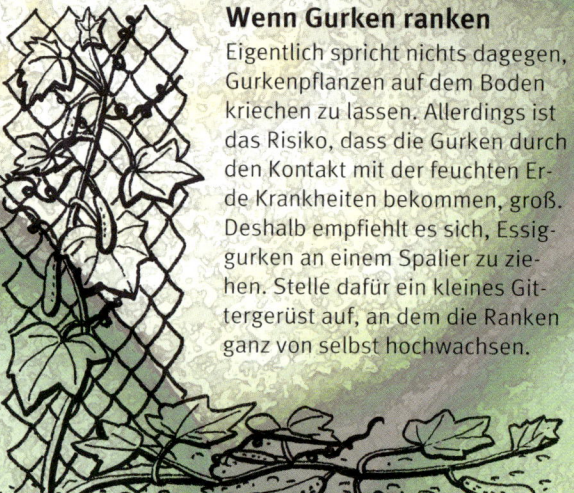

Wenn Gurken ranken

Eigentlich spricht nichts dagegen,
Gurkenpflanzen auf dem Boden
kriechen zu lassen. Allerdings ist
das Risiko, dass die Gurken durch
den Kontakt mit der feuchten Erde Krankheiten bekommen, groß.
Deshalb empfiehlt es sich, Essiggurken an einem Spalier zu ziehen. Stelle dafür ein kleines Git-
tergerüst auf, an dem die Ranken
ganz von selbst hochwachsen.

Salatgurke

Stängel

stachelige
Haut

Essiggurke

Zucchini

Samenkörner

Fleisch

Gurke mit Jogurt

Zutaten: 1 Gurke, 2 Becher Jogurt, 1 Knoblauchzehe, Olivenöl, Zitronensaft und 1 Blatt Minze

• Die Gurke schälen und in dünne Scheiben schneiden. Salzen und 1 Std. ziehen lassen, dann durch ein Sieb abgießen.

• Den Jogurt 1 Std. lang durch ein auf das Sieb gespanntes Tuch abtropfen lassen. Dann mit dem zerstampften Knoblauch und dem Minzblatt in eine Salatschüssel geben.

• Die Gurkenscheiben, etwas Olivenöl und den Zitronensaft dazugeben, umrühren und 1 Std. in den Kühlschrank stellen.

Von allen Gemüsearten, die im Garten wachsen, enthält die Gurke am meisten Wasser, nämlich 98 %! Ist es nicht ein besonderer Genuss, bei sommerlichen Temperaturen einen erfrischenden Gurkensalat mit etwas Estragon zu verspeisen?

Zucchini anbauen

Zucchini sind immer hungrig und durstig. Deshalb solltest du sie stets in gute Erde pflanzen und in der Wachstumsphase etwas düngen. Vor allem darfst du nicht vergessen regelmäßig zu ernten, wenn du einen üppigen Ertrag an zarten Früchten haben möchtest. Sonst werden die Zucchini zu groß und bilden Samen aus, was dazu führt, dass keine Blüten mehr nachwachsen.

Schön anzuschauen

Mit ihren großen, gefingerten Blättern und den prächtigen goldgelben Blüten ist die Zucchinipflanze eine Augenweide. Setze sie an einen guten Platz im Garten, aber sei vorsichtig: Sie braucht viel Raum und breitet sich hemmungslos im umliegenden Gelände aus. Ziehe sie an einem Pflock, sodass sie in die Höhe statt in die Breite wächst.

männliche Zucchiniblüte

140

Chicorée

Viele Leute kaufen regelmäßig Chicorée – ein schmackhaftes Gemüse, das leicht zuzubereiten ist. Wenige wissen allerdings, woher er kommt und wie er wächst. Noch weniger Menschen können sich vorstellen, dass jeder ihn selbst ziehen kann. Versuch doch mal Chicorée anzubauen, du wirst bestimmt Erfolg damit haben.

Feld mit Blattzichorien

Chicorée anbauen

Die Pflanze heißt offiziell Blattzichorie und ist ein typisches Wintergemüse. Achte beim Kauf der Samen darauf, Hybriden auszuwählen. Die Aussaat erfolgt zwischen Mai und Juni in Furchen von 5 cm Tiefe. Die Samen werden nur ganz leicht mit Erde bedeckt und bis zur Keimung feucht gehalten. Was dann wächst, ähnelt in keiner Weise dem Chicorée, wie wir ihn kennen. Zehn Tage nach dem Keimen kannst du bereits pikieren, wobei du nur alle 10 cm ein Pflänzchen stehen lässt.

Pflanzkalender
Aussaat: Mai/Juni
Ernte: im Herbst und Winter

Das Bleichen

Chicorée-Pflanzen wachsen den ganzen Sommer über, ohne viel Aufmerksamkeit zu beanspruchen.

❶ Im November nimmst du die Pflanzen aus dem Boden, schneidest alle Blätter 2 cm über der Wurzel ab und kürzt die Wurzel. Dann lässt du die Wurzel 2 Tage auf der Erde liegen, sodass sie trocknet.

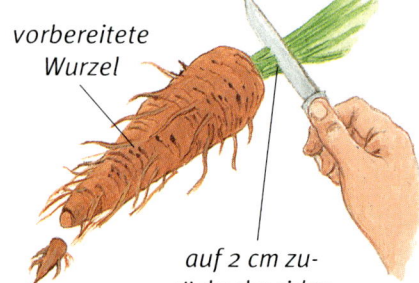

vorbereitete Wurzel

auf 2 cm zurückschneiden

❷ Grabe die Wurzeln nebeneinander in Eimern oder Kästen ein, die zur Hälfte mit feuchtem Torf gefüllt sind. Decke sie zu, damit die Pflanzen im Dunkeln wachsen, und stelle sie in einen kühlen Raum.

❸ Am Wurzelschaft wächst nun eine völlig weiße Knospe, die immer größer wird. So entsteht auf wunderbare Weise der Chicoréesalat!

Wurzeln im Torf

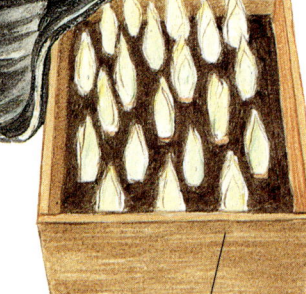

Nun kann der Chicoréesalat geerntet werden.

❹ Achtung! Wenn Licht an die Chicoréesprösslinge kommt, werden sie grün und bitter.

dicke Bohnen

Erbsen

Erbsen und dicke Bohnen

Der Anbau von Erbsen und dicken Bohnen ist im Grunde gleich. Die dicken Bohnen gehören zu den ältesten Gemüsesorten überhaupt. Sie werden auch Saubohnen genannt. Schon die Steinzeitmenschen bauten Bohnen an. Und auch in der Bibel ist von ihnen die Rede.

Die Aussaat von Erbsen und dicken Bohnen

Es ist günstig, 2 Aussaaten vorzunehmen. Bohnen sät man Anfang November und Anfang Januar; Erbsen Ende November und Ende Januar. Ziehe dafür eine Furche von 5 cm Tiefe. Bei den Bohnen setzt du alle 5 cm einen Samen, während bei den Erbsen alle 3 cm zwei Samen ausgesät werden. Decke die Furche wieder mit Erde zu. Im Winter dauert es lange, bis die Samen keimen. Beobachte das Beet genau, denn sobald sich die Keimblätter zeigen, lauert auch der Feind: Schnecken, Engerlinge, Eichelhäher und Elstern.

Pflanz-kalender

Aussaat: Saubohnen: Anfang November und Anfang Januar; Erbsen: Ende November und Ende Januar
Ernte: Mai und Juni

Pikieren und stützen

Angenommen, die jungen Pflanzen haben die kalte und stürmische Jahreszeit ohne Schaden überstanden. Die Aussaat ist erfolgreich gewesen. Nun musst du die kleinen Pflanzen, die vorsichtshalber zu dicht nebeneinander ausgesät wurden, pikieren.

Erbsen

❶ Pikieren bedeutet, dass die schwächeren Pflanzen entfernt werden. Im Allgemeinen lässt man bei Bohnen alle 15 cm eine Pflanze stehen, bei Erbsen alle 10 cm.

❷ Bohnen müssen oberhalb der vierten Blattachsel gekappt werden. Erbsen, selbst kleinwüchsige, brauchen einen Halt, um in die Höhe zu wachsen. Man kann sie zum Beispiel mit einem Gitter aus Bambus abstützen.

Erbsen aus dem Garten

Zutaten: 400 g Erbsen, 1 weiße Zwiebel, etwas Öl, etwas Butter, 1 Bund Kräuter (Ysop und Petersilie)

• Erbsen entkernen, Zwiebel schälen und in feine Scheiben schneiden.

• Zwiebeln im Öl goldbraun dünsten, die Erbsen und Kräuter ohne Wasser hineingeben und zudecken.

• Auf sehr kleiner Flamme 12 bis 15 min unter Rühren köcheln lassen, damit nichts anbrennt. Topf vom Feuer nehmen, Butter dazugeben. Heiß servieren.

Bohnen

Die verschiedenen Bohnensorten, von denen einige bei uns sogar als Zierpflanzen gezogen werden, gehören zur Familie der Schmetterlingsblütler. Sie sind leicht anzubauen, können regelmäßig geerntet werden und sind sehr schmackhaft. Ein Gemüsegarten ohne Bohnen im Sommer? Undenkbar.

Die Ernte übers Jahr verteilen

Grüne Bohnen sind Meister der Regelmäßigkeit. Werden sie gut gepflegt, sind nach 60 Tagen die ersten Bohnen reif. Man erntet zehnmal im Abstand von 2 Tagen. Die Ernte zu planen ist daher einfach: Wenn du zwischen dem 1. Mai und 15. August alle 20 Tage säst, bist du den ganzen Sommer über mit grünen Bohnen versorgt. Zu viele Bohnen? Dann säe nur alle 30 Tage.

Nach der Blüte wachsen die Bohnen in die Länge und Breite.

Bohneneintopf

Am Ende des Beetes mit den grünen Bohnen kannst du einige weiße Bohnen pflanzen. Man erntet sie 100 Tage nach der Aussaat. Im Sommer werden sie frisch verzehrt, im Winter getrocknet. Sie sind in jedem Fall ein Hochgenuss für Koch und Gäste: »Na, wie findet ihr diesen Eintopf aus eigenen Bohnen?«

Pflanzkalender

Aussaat: erste Aussaat am 1. Mai, zweite Aussaat am 20. Mai usw.
Ernte: erste Ernte am 1. Juli, zweite Ernte am 20. Juli usw.

weiße Bohnen

Grüne Bohnen

Fadenlose Bohnen

Wachsbohnen

Anhäufeln

Lege eine flache Furche an und säe alle 30 cm fünf Bohnen aus. Bedecke die Kerne, indem du die Erde mit einem Rechen in die Furche zurückschiebst. Wenn du fertig bist, begießt du die Saat mit der Gießkanne aus der Tülle. Achte darauf, dass die Erde bis zum Erscheinen der Keimlinge immer feucht ist. Nach und nach häufelst du mit dem Rechen etwas Erde um die heranwachsenden Pflanzen an. Lasse dann regelmäßig Wasser in die kleinen Kanäle fließen, die durch das Anhäufeln zwischen den Reihen entstanden sind. Frost und Schnecken sind die natürlichen Feinde der Bohne.

Zarte Bohnen

Grüne Bohnen sind nicht schwierig zuzubereiten. Damit sie schön zart bleiben, solltest du folgende Regel beachten: Gib die Bohnen in einen großen Topf mit sprudelndem Wasser und lasse sie zugedeckt auf großer Flamme 8 bis 10 min kochen. Probiere, ob sie durch sind, aber verbrenne dir dabei nicht die Finger. Mit Butter und Petersilie und eventuell etwas Knoblauch anrichten.

Wurzeln beobachten

Dieses Experiment hilft dir, besser zu verstehen, was unter der Erde passiert, wenn du Samen ausgesät hast und auf das Keimen wartest.

❶ Bastle eine Kiste mit einer Glasscheibe auf einer Seite. Lasse dir dabei von einem Erwachsenen helfen. Die Glasscheibe (oder eine stabile Plastikfolie) wird auf einer der Längsseiten befestigt.

Samen

Blick auf die Wurzeln

Kieselsteine

Die Kiste sollte etwa 40 cm lang, 15 cm breit und 20 cm hoch sein. Bohre in das Bodenbrett Löcher, damit überschüssiges Wasser ablaufen kann. Decke die Löcher mit Kieselsteinen ab, sodass die Erde nicht weggespült wird.

❷ Im Frühjahr füllst du die Kiste mit feiner Blumenerde. An der Glasscheibe legst du mit einem Bleistift eine Furche an. Säe auf einer Seite einige Radieschen, in der Mitte Karotten und am anderen Ende zwei oder drei Bohnen. Decke dann die Glasscheibe vollständig mit schwarzem Plastik oder Papier ab.

❸ Stelle die Kiste auf den Balkon, halte den Boden mäßig feucht und warte einige Tage ab. Nimm dann die schwarze Abdeckung weg und schaue dir genau an, was passiert ist: Die Wurzeln fangen an sich zu entwickeln. Schließe das Sichtfenster schnell wieder. Morgen oder übermorgen kannst du nachsehen, ob es Fortschritte gibt … und Unterschiede.

Bohnensamen

Wachstumszyklus der Bohne

Melonen

Melonen eignen sich als Vorspeise und als Nachtisch. Da die Früchte aus Südafrika stammen, viel Sonne brauchen und frostempfindlich sind, ist ein Anbau in Deutschland sehr schwierig und nur unter Glas oder an sonnigen, geschützten Stellen auf nährstoffreichem Boden möglich.

Kerne

Becher

Verletze den Wurzel-
ballen nicht.

Aussaat und Pflanzung

Melonen brauchen Sonne, nährstoffreiche Erde und viel Wasser. Sie müssen unbedingt beschnitten werden. Im April werden 2 oder 3 Kerne in Bechern ausgesät. Diese werden an einem sonnigen Fenster in der Wärme aufgestellt, bis aus den Kernen kleine Keimlinge sprießen. Dann suchst du den schönsten heraus und schneidest die anderen ab. Sobald kein Nachtfrost mehr droht, pflanzt du alle 70 cm einen Setzling ins Freiland. Bessere Chancen auf eine Ernte hast du, wenn du Melonen in einem Glashaus ziehen kannst.

Melonen zurückschneiden

Der Schnitt findet statt, wenn die Pflanzen gut in der Erde verwurzelt sind.

Knipse den Zweig mit dem Fingernagel ab.

❷ An den Blattachseln wachsen neue Zweige. Stutze sie so, dass nur 3 Blätter übrig bleiben.

Diese Melone kann ausgepflanzt werden.

❸ Verfahre mit jedem neuen Zweig genauso und wiederhole den Schnitt dreimal.

unreife Melone

❶ Knipse den Stiel oberhalb des zweiten Blattes ab.

❹ Sobald an einem Zweig eine Frucht entsteht, schneidest du diesen dahinter ab und lässt nur 2 Blätter stehen.

Pflanz-kalender

Aussaat: im April
Verziehen: im Mai
Ernte: 3 Monate später

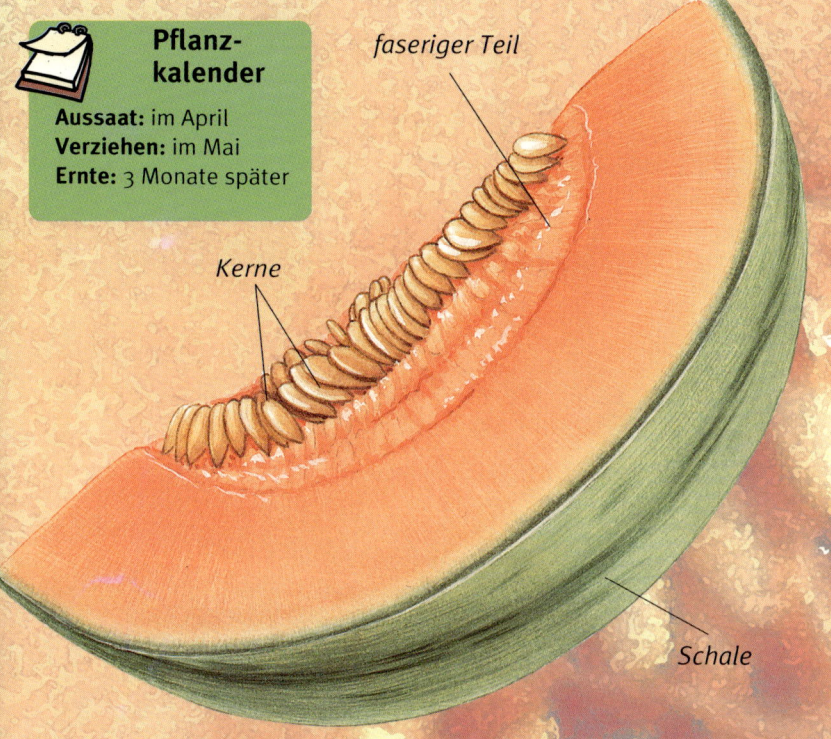

faseriger Teil

Kerne

Schale

Melonen-suppe

• Die Melone in zwei Hälften schneiden und die Kerne und faserigen Anteile aus der Mitte entfernen.

• Mit einem speziellen Löffel kleine Kugeln aus dem Fruchtfleisch schneiden und zur Seite legen. Das restliche Fleisch in Stücke schneiden.

Melonen gießen

Melonen brauchen für das Wachstum zwar viel Feuchtigkeit im Wurzelbereich, leiden jedoch unter Feuchtigkeit auf den Blättern. Daher bietet es sich an, Melonen auf einem Hügelbeet zu pflanzen, die Stängel hochzubinden und die Wurzeln mit Hilfe eines kleinen Grabens am Fuß des Hügels zu bewässern. In kühlen Nächten, wenn die Temperatur unter 15 °C sinkt, müssen Melonen geschützt werden.

• Die Stücke mit dem Zauberstab zu einer dickflüssigen Masse pürieren. Die Kugeln darunter mischen.

Wassermelonen

Wassermelonen sind die Stars der trockenen und heißen Klimaregionen. Sie haben eine dicke und undurchlässige Schale, die ihnen ermöglicht, das von den Wurzeln aufgenommene Wasser zu speichern und das rote Fruchtfleisch mit den Kernen vor dem Austrocknen zu schützen. Die Früchte bestehen zu 92 % aus Wasser und sind daher gute Durstlöscher! Die restlichen 8 % sind Zucker und Vitamine, sodass Melonen auch nicht zu verachten sind, wenn man hungrig ist.

Wassermelonen sind sehr erfrischend!

• Alles in Schalen geben, mit Minzblättern dekorieren und im Kühlschrank aufbewahren. Kalt servieren.

Zwiebeln und Lauch

Zwiebeln stammen ursprünglich aus dem Orient, waren im Alten Ägypten ein Hauptnahrungsmittel und wurden schon vor 6 000 Jahren in Mesopotamien verzehrt. Sie sind vielfältig einsetzbar und werden das ganze Jahr über frisch angeboten. Besonders gut sind sie von August bis November.

Unverzichtbar

Im Garten eurer Familie bist du für Lauch und Zwiebeln verantwortlich? Dank deiner Bemühungen kommen Soßen auf den Tisch, für die Zwiebeln angedünstet werden, und Gemüsesuppen, die durch den Lauch so schmackhaft werden. Fast jeden Tag kannst du diese beiden unverzichtbaren Gemüsesorten in der Küche abliefern. Und du findest sie trotzdem nicht alltäglich, schließlich hast du sie selbst angebaut.

Zwiebeln anbauen

Man unterscheidet die weißen Zwiebeln, die im Frühling frisch verwendet werden, von den gelben oder roten Zwiebeln, die man getrocknet den ganzen Winter über lagern kann. Säe eine Hand voll Zwiebelsamen aus. Nimm die Pflanzen aus dem Boden, wenn sie 20 cm groß sind. Pflanze sie dann 3 cm tief in einem Abstand von 10 cm ins Beet.

rote und gelbe Zwiebel

Ein Loblied auf den Lauch

Lauch, auch Porree oder Welschzwiebel genannt, stammt ursprünglich aus dem Orient, wurde aber bereits von den Römern in ganz Europa verbreitet. Man schätzte ihn wegen seiner heilenden Wirkung auf den Rachen und die Eingeweide. Frischer Lauch wird von Juni bis Februar angeboten.

Lauch, in Reihen gepflanzt

blaugrüne
Blätter

verwelkende
Blätter

Zwiebel

Wurzeln

weißer
Lauchstängel

Pflanzkalender

Aussaat: weiße Zwiebeln: Mitte August; rote Zwiebeln im März; Lauch im März, Mai und September
Ernte: weiße Zwiebeln im Frühjahr; rote Zwiebeln im Sommer; Lauch das ganze Jahr über

Lauch anbauen

Säe Lauch wie Zwiebeln aus. Nimm die Setzlinge aus dem Boden und kürze die Wurzeln auf 1 cm Länge. Bohre mit dem Pflanzholz alle 10 cm tiefe Löcher und pflanze die Setzlinge hinein. Fülle die Löcher mit Wasser. Die Erde rutscht von selbst nach. In der Erde entwickelt der Lauch seinen weißen Stängel.

Knoblauch

Knoblauch gehört wie seine Verwandten Zwiebel und Lauch zur Familie der Liliengewächse, zu der auch Lilien und Tulpen gehören. Seine Knolle besteht aus zahlreichen dicht gedrängten Schoten, die man »Zehen« nennt. Für die Vermehrung solltest du die äußeren Zehen verwenden und diese im November (weißer Knoblauch) oder Februar (rosa Knoblauch) in der Erde vergraben.

Fisch auf Lauchbett

Zutaten für eine Person:
1 Stängel Lauch, 1 Fischfilet, Sahne, Öl, Petersilie, Lorbeerblätter und 1 Zitrone

• Den Lauch reinigen und einige grüne Blätter aufheben. 3 cm dicke Stücke schräg abschneiden und mit sehr wenig Wasser in einem Schmortopf 20 min lang garen (im Dampfkochtopf nur 5 min).

• Breite in einer Form Zitronenscheiben, Lorbeerblätter und Petersilie aus. Die Filets darauf legen, mit Salz und Pfeffer abschmecken und mit Zitronenscheiben, Lorbeer und Petersilie bedecken. 6 min in der Mikrowelle (20 min im Ofen) garen.

• Den Lauch in eine Schüssel geben und mit der Sahne vermischen. Die Fischfilets darauf legen und mit einer Soße aus Öl und Zitrone begießen.

148

Kartoffeln

Kein Gemüsegarten ohne Kartoffeln! Schon ein kleines Stück des Gartens reicht aus, um einige Kartoffeln anzubauen. »Frühkartoffeln« sind ein wahrer Hochgenuss. Bereits zwei Monate nach dem Setzen kannst du die feinsten Erdäpfel ausgraben, die du je gegessen hast. Nimm hier und da eine und lasse den Rest größer werden.

Diese Triebe haben die richtige Größe zum Auspflanzen!

Kartoffeln keimen lassen

Es gibt zahlreiche Kartoffelsorten, die sich zur Aussaat eignen. Sie werden in Schalen verkauft und sind weiß, gelb oder rosa. Erkundige dich nach ihren jeweiligen Eigenschaften. Während du darauf wartest, dass sich die Erde erwärmt (Kartoffeln ertragen keinen Frost!), lässt du die gekauften Knollen vorkeimen. Stelle sie ab März aufrecht Seite an Seite in eine Lattenkiste. Nie mehr als eine Schicht! Achte darauf, dass sie Sonne bekommen. Die Triebe werden zunehmend größer und kräftiger.

Kleine Frühkartoffeln

Lasse dir im März bei einem Gemüsehändler eine Kartoffel geben, bei der man bereits die ersten Triebe sehen kann.

❶ Pflanze die Knolle 5 cm tief in einen großen Blumentopf, der zu zwei Dritteln mit Erde gefüllt ist. Begieße sie und stelle den Topf in die Sonne.

Vergiss das Gießen nicht.

❷ Nach einer Woche erscheinen die erste Blätter. Fülle die Erde auf und häufle sie um die Pflanze herum an.

junge Blätter

❸ Nach 55 Tagen kippst du den Topf aus und sammelst deine Frühkartoffeln ein. Du kannst sie sofort kochen – oder fast.

neue Frühkartoffeln

Pflanzkalender

Keimung: März

Pflanzung: April (nach dem letzten Frost)

Ernte: Juni (Frühkartoffeln) und Juli

Blüten

Blätter

junge Knollen

Mutterknolle

Folienkartoffeln

Zutaten: 2 bis 3 Kartoffeln pro Person, saure Sahne, Schnittlauch, Alufolie

- Kartoffeln, wenn gewünscht, schälen und in Alufolie einwickeln. 45 min im Backofen backen.
- Schnittlauch unter die saure Sahne rühren und die Soße in eine Schüssel geben.
- Sehr heiß servieren: Jeder

schneidet seine Kartoffel selbst auf und gibt Soße hinein. Achtung heiß: Nicht die Finger verbrennen!

Die Mutterknolle

Die ausgepflanzte Kartoffel wird »Mutterknolle« genannt. Sie bringt die überirdischen Pflanzenteile mit den Blättern und Blüten hervor, aber auch die unterirdischen Ausläufer, an denen die Knollen wachsen. Sie schrumpft nach und nach, gibt all ihre Kraft ab und verfault schließlich. Ziehe eine 10 cm tiefe Furche und lege alle 40 cm eine vorgekeimte Kartoffel hinein. Bedecke alle Kartoffeln mit Erde. Sobald die Stängel anfangen zu wachsen, häufelst du Erde um die Pflanze. Das machst du ein zweites Mal, wenn die Pflanzen etwas größer sind, damit die unterirdischen Knollen im Dunkeln gut wachsen können.

Wer erfand die Pommes frites?

Die Belgier gelten gemeinhin als die Erfinder der Pommes frites. Sie verdienen es also, dass diese ihr Wahrzeichen sind. Die folgende Geschichte soll ein Reisender vor 200 Jahren aus Belgien mitgebracht haben: »Als der Fluss Meuse eines Winters zugefroren war, konnten die Belgier zu ihrem Bedauern nicht mehr angeln gehen. Um sich zu trösten, fingen die Bewohner der Flussniederung an aus Kartoffeln kleine Fische auszuschneiden und diese wie echte Fische zu frittieren . . .«

Trocken gelagert

Die Kartoffel wurde zuerst von den Indianern Perus angebaut. Ihnen gelang es auch, sie haltbar aufzubewahren. Sie legten die frisch geernteten Kartoffeln über Nacht in die Kälte (Peru liegt im Hochgebirge) und tagsüber in die pralle Sonne. Nach einiger Zeit waren die Knollen vollständig ausgetrocknet. Um ihnen ihre ursprüngliche Gestalt wieder zu geben, genügte es, sie ins Wasser zu legen!

Radieschen

Mit Radieschen kannst du schnell deinen ersten Ernteerfolg feiern. Es ist noch früh im Jahr und im Gemüsegarten ist noch nicht viel zu sehen. Du aber bringst bereits schmackhaftes Gemüse auf den Tisch, das roh und nur mit Salz gewürzt gegessen wird.

Die Aussaat

Mit einem Brettchen ebnest du die Erde in einer Ecke des Gartens. Mit einem Bleistift legst du schmale, etwa 2 cm tiefe Furchen an. Um gleichmäßig zu säen, ist eine Sähilfe nützlich. Bedecke die Samen mit Erde und drücke diese leicht mit dem Brett an. Befeuchte die Erde mit der Tülle oder einem Zerstäuber und achte darauf, dass sie nicht mehr austrocknet.

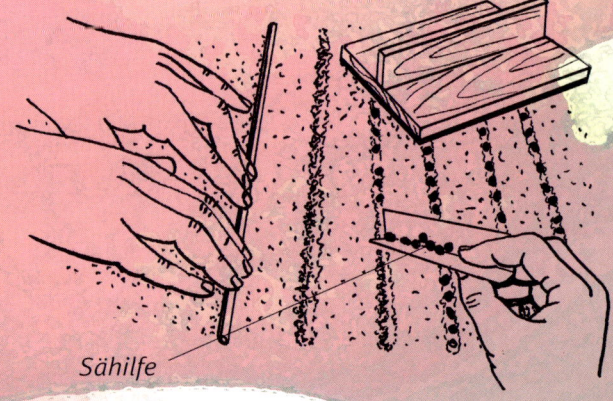

Sähilfe

pikieren

Im Blumenkasten

Du kannst auch auf dem Balkon Radieschen ziehen. Gehe in etwa so vor wie im Garten. Denke aber daran, auf den Boden des Pflanzgefäßes eine Schicht Kieselsteine oder Sand zu geben, damit die Radieschen nicht in der Staunässe verfaulen.

Ernte die Radieschen erst kurz vor dem Verzehr.

Pikieren

Wenn die Pflanzen 3 cm groß sind, wird pikiert. Das heißt, du reißt einige aus, damit die anderen sich besser entwickeln können. Nach 4 Wochen kannst du stolz zum ersten Mal ernten!

längliche
rosafarbene
Radieschen

schwarze
Radieschen

runde rote
Radieschen

Radieschen als Beilage

• Schneide die Radieschen in Scheiben. Verteile etwas Quark auf einem Brot und stecke die Radieschenscheiben hinein.

• Spalte die Schale der Radieschen von der Spitze her, sodass eine Art Blüte entsteht. Gib etwas Butter auf das weiße Fleisch.

Pflanz- kalender

Aussaat: Ab Februar. Wenn die erste Aussaat erfolgreich war, solltest du nicht zögern sie alle 15 Tage zu wiederholen. Dann kannst du fast das ganze Jahr über eine leckere Vorspeise servieren.

Experiment

Beim folgenden Versuch kannst du dich davon überzeugen, dass die Art und Weise des Aussäens eine große Wirkung auf das Ergebnis hat.

❶ Fülle 4 Blumentöpfe mit Erde. In die ersten beiden (1 und 2) säst du runde Radieschen, in die anderen (3 und 4) längliche Radieschen. Bedecke die Samen in Topf 1 mit 3 cm Erde, die in Topf 2 nur mit einer dünnen Schicht Erde. Etwas andrücken und vorsichtig gießen. Mache dasselbe mit den Töpfen 3 und 4.

Topf 1

Topf 2

Topf 3

Topf 4

❷ Nach 4 Wochen siehst du das Ergebnis.
Topf 1: Die Samen lagen zu tief. Sie haben schlecht gekeimt und sind unförmig. Wenige Radieschen sind wirklich rund.
Topf 2: Die Radieschen haben sich gut entwickelt.
Topf 3: Die länglichen Radieschen, die tief gesät wurden, sind gut gewachsen.
Topf 4: Die oberflächlich gesäten Radieschen haben schlecht gekeimt und sind krumm.

Salat

Als großer, gemischter Salat, der eine vollständige Mahlzeit sein kann, als kleine Vorspeise, nach einem üppigen Essen oder sogar gekocht als Gemüse – die Möglichkeiten, Salat zuzubereiten, sind äußerst vielfältig.

Salat anbauen

Um zwischen März und Oktober regelmäßig Salat ernten zu können, musst du alle 3 Wochen säen. Wähle dazu einige Samenkörner deiner Lieblingssorten aus. 4 Wochen nach der Aussaat kannst du die kleinen Pflanzen verziehen. Bohre mit dem Pflanzholz ein Loch, das so groß ist, dass die Wurzeln darin aufrecht eingepflanzt werden können. Im Zweifelsfall zwickst du mit dem Fingernagel ein Stück der Wurzel ab. Vergiss nicht zu gießen.

Bohre mit dem Pflanzholz ein Loch.

Vor der Zeit ernten

Je jünger ein Salat, desto zarter ist er. Zögere deshalb nicht, Salat abzuschneiden, bevor er völlig ausgewachsen ist. Ein kleiner Trick: Pflanze die Setzlinge eher eng, mit etwa 15 cm Abstand voneinander. Schneide die ersten ab, sobald sich die Blätter berühren, wobei du jeden zweiten stehen lässt. Diese werden schön groß und bilden richtige »Köpfe«.

Friséesalat

Friséesalat ist sehr schmackhaft, aber ein wenig hart. Um das Hartwerden der Blätter zu vermeiden, musst du ihn eng pflanzen. Lasse nur 20 cm Abstand zwischen den Köpfen statt 25 cm wie bei anderen Salatsorten. Damit die Blätter hell bleiben, kannst du sie zusammenklappen und an der Spitze festbinden. Man kann die Salatköpfe auch mit einer Haube aus schwarzer Plastikfolie abdecken. Das muss aber nicht sein und sollte bei feuchtem Wetter eher unterbleiben. Nach 3 Wochen können die hellen Blätter verzehrt werden.

Schnecken und Würmer

Schnecken, die sich auf die kleinen Keimlinge stürzen, sobald sie die ersten Blätter zeigen, kannst du sehen und entfernen. Würmer sind hinterhältiger. Engerlinge, Drahtwürmer und andere Larven (von Schnellkäfer und Hausmutter) fressen die Wurzeln ab. Wenn ein Salatsetzling ohne offensichtlichen Grund verwelkt, musst du das Erdreich um die Wurzeln herum durchsuchen. Du wirst den Übeltäter bald finden.

Engerling

Schnecke

Pflanz-kalender

Aussaat: nach dem
2. März alle 3 Wochen
Pikieren: ab dem 1. April
Ernte: ab dem 15. Mai

Kopfsalat: Er wächst schnell. Seine zarten Blätter rollen sich ein und bilden das helle Herzstück.

Bataviasalat: Golden oder farbig, fest und knackig übersteht er die Sommerhitze problemlos.

Römischer Salat: Er ist länglich. Die äußeren Blätter sind dunkelgrün und verbergen ein helles und zartes Inneres.

Eichblattsalat: Er bildet keinen Kopf. Alle Blätter sind zart, reißen aber leicht.

Winterendivien: Er ist der Winterfavorit und leidet nicht unter Frost, sondern braucht ihn. Er bleibt schön hell, wenn man ihn abdeckt.

Friséesalat: Etwas Knoblauch und Speck unterstreichen seinen Geschmack.

Die richtige Temperatur

Im Sommer kann es passieren, dass dein Salat trotz regelmäßigen Gießens »ins Kraut schießt«, bevor er erntereif ist. Das ist ganz natürlich. Die einzige Möglichkeit, im Sommer trotzdem Salat zu ernten, ist häufiges Aussäen. Wenn es Frost gibt, musst du die Winterendivien schützen. Decke die Salatköpfe mit Stroh, Laub, trockenem Farn oder Stoff ab. Oder einfach mit einem Frühbeetfenster.

Salat-potpourrie

Zutaten: Winterendivien, Feldsalat, Kresse, Gartenkresse, Rauke, Vinaigrette

• Alle Salate getrennt waschen. Die Winterendivien in Streifen schneiden. Gartenkresse und Raucke zerkleinern. Alles mit der Soße vermischen.

• Salat auf den Tellern verteilen und mit hart gekochten Eiern, Krevetten oder Räucherlachs verzieren.

Tomaten

Tomaten sind ein Gemüse, das aus unseren Küchen fast nicht mehr wegzudenken ist. Sie finden in Soßen, Salaten, Füllungen und vielen Gerichten Verwendung. Du kannst sie aber auch ganz frisch im Garten genießen.

Nach und nach werden die Tomaten reif.

Das Leben einer Tomate

Tomaten kann man leicht aussäen, sie keimen problemlos. Gib im Februar Samen in eine Schale und stelle diese in die Wärme: hinter eine Fensterscheibe, an einen sonnigen Platz. Wenn du die Setzlinge im Mai ins Freiland pflanzt, sind die ersten Tomaten im Juli reif. Die Ernte ist in der Regel üppig und kann jeden Tag erfolgen. Tomaten leiden jedoch unter der Kälte. Schon beim ersten Frost im Herbst werden die Blätter und Stängel schwarz und fallen ab. Aus und vorbei – wie schade!

Die Haut der Tomate

Oft ist die Haut von Tomaten etwas hart und unangenehm. Warum also nicht schälen? Gib die Tomaten für einige Sekunden in kochendes Wasser und schrecke sie anschließend mit kaltem Wasser kurz ab. Sie lassen sich nun leicht schälen, bleiben aber roh.

Eine Stütze für jede Pflanze

Entweder du hast selbst kleine Setzlinge gezogen oder aber du hast sie »fertig« gekauft. Auf jeden Fall musst du sie ins Freiland pflanzen, wenn sie 15 bis 20 cm groß sind. Die Erde sollte locker und nährstoffhaltig sein, der Abstand zwischen den Pflanzen 60 cm betragen. Warte nicht zu lange mit dem Anbinden an eine Stütze. Wenn du möchtest, dass sie schnell wachsen, musst du sie in der Nacht vor der Kälte schützen, zum Beispiel, indem du sie mit einem Hut aus Zeitungspapier abdeckst . . .

Kerne

Kirschtomate

Stab-tomate

gelbe Tomate

Pflanz-kalender

Aussaat: Februar
Pflanzung: Mai
Ernte: Juli

Tomaten im Schlafrock

Zutaten: mittelgroße Tomaten, Knoblauch, Thymian, Basilikum, Petersilie, Paniermehl oder zerbröseltes Toastbrot, Olivenöl

• Tomaten schälen.
• Die Kräuter hacken und mit dem Paniermehl und dem Olivenöl vermischen. Die Tomaten in der Panade rollen und für 15 min in die Mikrowelle oder für 45 min in den Ofen stellen.

Südamerikanischer Einwanderer

Die Tomate stammt wie die Kartoffel aus den peruanischen Anden. Die Indianer verwendeten sie für Soßen. In Europa wurde sie lange Zeit nur als Zierpflanze genutzt. Die Italiener nannten sie »Goldapfel« (daher der italienische Name *pomodoro*) und in der Provence bekam sie gar die Bezeichnung »Liebesapfel«. Die Pflanzen sind schön und riechen gut. Was spricht dagegen, einige in den Blumengarten in die Nähe des Hauses zu pflanzen?

Sorgfältige Pflege

Tomaten sind sehr empfindlich. Um eine reiche Ernte einzubringen, musst du dich wirklich um sie kümmern. Gieße alle 2 Tage nah am Stamm. Gib ihnen nicht zu viel Wasser, sonst verfaulen sie. Auch vor Krankheiten musst du sie schützen. Warte lieber nicht, bis sich erste Krankheitszeichen zeigen, sondern sprühe sie alle 3 Wochen mit Kupferkalkbrühe ein.

Fülle einen Blumentopf, das reicht aus.

Die Pflanze blüht immer weiter.

Das Beschneiden fördert das Wachstum der Tomaten.

Außerdem musst du sie beschneiden. Oberhalb der Blütenstände hast du ein Blatt stehen lassen und den Stängel abgeschnitten. Unterhalb, in der Nähe des Blattes, entwickelt sich ein neuer Trieb. Lasse ihn wachsen; er bildet neue Blüten. So fährst du fort und entfernst alle überflüssigen Triebe.

Kräuter

Das Gärtchen mit den Kräutern, die so pflegeleicht sind, hütest du wie deinen Augapfel. Und du genießt es, zu gegebener Zeit etwas Petersilie oder Estragon in die Küche zu bringen…

Rosmarin blüht im Winter.

Das ganze Jahr frische Küchenkräuter

Manche Kräuter sind frostempfindlich, aber nicht alle. Sellerie zum Beispiel erfriert bei längerer Kälte; Petersilie kann bei starkem Frost ebenfalls Schaden nehmen. Um jedes Risiko auszuschließen, ist es am besten, die Kräuter mit einem Stück Stoff abzudecken, wenn Minusgrade drohen.

Ein Bund Kräuter ist ein nettes Geschenk für Freunde.

Der ideale Standort

Am besten ist es, wenn der Kräutergarten nah beim Haus und damit in Reichweite der Küche liegt. Auf dem Balkon kannst du ihn in einem Blumenkasten anlegen. In diesem Fall musst du darauf achten, dass die Erde locker bleibt und gut gedüngt und gewässert wird. Im Freiland kommen Kräuter mit weniger Pflege aus. Bedenke jedoch, dass nicht alle Kräuter dieselben Bedürfnisse haben und auch auf unterschiedliche Weise angebaut werden müssen.

Die Petersilie

Man sät sie jedes Jahr zwischen Februar und März an einem anderen Platz aus. Entferne laufend die harten Blätter. Petersilie wächst sehr schnell nach und wird immer schmackhafter. Eine zweite Aussaat Anfang August sorgt für junge Pflanzen, die weniger kälteempfindlich sind.

Petersilie

Der Kerbel

Kerbel wird um den 15. August wenn möglich an einem sonnigen Standort ausgesät. Er wächst dann den ganzen Winter über. Salaten und bestimmten Gerichten verleiht er einen originellen Geschmack (nicht kochen).

Kerbel

Sellerie

Sellerie

1 oder 2 Knollen im Kräutergarten reichen aus. Sie werden langsam größer und vertragen es gut, wenn man bei Bedarf die Blätter abschneidet.

Der Sauerampfer

Sauerampfer ist robust und anspruchslos. Pflanze ihn ein für alle Mal in eine Ecke des Kräutergartens. Seine jungen, säuerlich schmeckenden Blätter machen sich wunderbar in Suppen und Omelettes.

Sauerampfer

Salbei, Bohnenkraut und Thymian

Die aromatischen Blätter dieser Kräuter können das ganze Jahr über geerntet werden. Schneide sie im Februar zurück, damit sie nicht wuchern. Die Stauden fügen sich gut in Beete ein.

Salbei

Thymian

Bohnenkraut

Thymian verfeinert die Küche

Thymian ist die Krönung der Kräuter aus der Provence. Er wächst wild in der Heide. Sein Vetter, der Feldthymian, zieht das Gebirge vor.

• **Gefüllte Tomaten:** Die Thymianblätter in die Füllung mischen.

• **Tomatensoße:** Um den Tomatengeschmack nicht zu überdecken, solltest du den Thymian erst nach dem Kochen dazugeben.

• **Tomatensalat:** Lege eine Stunde vor der Zubereitung der Salatsoße einen Zweig Thymian in den Essig.

• **Thymiantee:** Ein Zweig Thymian wird mit kochendem Wasser übergossen. Der Tee lässt besser schlafen.

Geschenke des Sommers

Kräuter brauchen die Wärme der Sonne, damit sie sich entwickeln können. Beim ersten Frost beginnen sie ihre Ruhephase oder sterben ab. Die meisten, die den Winter nicht überstehen, lassen jedoch ihre Samen zurück. Und jene, die den Winter über ruhen, bringen im Frühjahr wieder neue Triebe hervor.

Aber woher stammen sie?

Aus Asien, den Tropen oder von unseren heimischen Wiesen und Feldern. Die aromatischen Pflanzen werden seit Jahrhunderten wegen ihrer medizinischen Wirkung geschätzt. Sie werden aber auch in der Küche verwendet, denn was fadem Essen Geschmack verleiht, war den Menschen schon immer willkommen. Heutzutage gilt das Würzen mit frischen Kräutern als Spezialität von Chefköchen, die für erlesene Gerichte sorgfältig Kräuter auswählen und mischen.

Der Dill

Er hat einen sehr feinen Geschmack nach Anis und eignet sich hervorragend als Gewürz für Fisch. Anis erfriert im Winter und muss ab Februar oder März und dann jeden Monat ausgesät werden, weil er sehr schnell wächst und Samen bildet.

Der Schnittlauch

Er ist mehrjährig und sehr robust, sodass die Wurzelballen rasch sehr dicht werden. Dann wachsen nur noch ganz feine Stängel, die nicht mehr zu gebrauchen sind. Im Herbst sollten die Ballen deshalb aus der Erde genommen und geteilt werden. Schnittlauch ruht im Winter.

Schnittlauch

Koriander

Samen

Der Koriander

Dieses Kraut sollte nicht irgendwem vorgesetzt werden, da es manche Menschen auf Grund seines kräftigen Geschmacks überhaupt nicht mögen. Liebhaber bauen es an wie Dill. Wer den ganzen Sommer über Koriander genießen möchte, muss ab dem Frühjahr jeden Monat aussäen.

Dill

Der Estragon

Er braucht gute, nährstoffreiche Erde und darf nicht versetzt werden. Im Winter verschwindet er völlig, zeigt aber im Frühjahr wieder seine zarten Triebe. Man sollte verhindern, dass er blüht: Zunächst die Hälfte der Stängel kürzen. Sobald Zweige nachwachsen, die andere Hälfte abschneiden.

Estragon

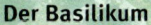

Basilikum

Der Basilikum

Basilikum gehört heute auch bei uns in jede Küche. Im Frühjahr kannst du gleich eine oder zwei Pflanzen kaufen und sie in die pralle Sonne ins Freiland pflanzen. Vergiss nicht sie sofort zu gießen. Basilikum kann aber auch ausgesät werden. Man erntet hin und wieder einzelne Blätter. Wenn du vor dem Frost alle Stängel abschneidest, kannst du sie trocknen und als Wintervorrat verwenden.

Lorbeer für die Soße

Wir brauchen Lorbeer in der Küche, um bestimmten Gerichten Geschmack zu geben. Trotzdem pflanzt du keinen Lorbeerbusch in deinen Kräutergarten! Besser ist es, ihn als Hecke zu ziehen und bei Bedarf die Blätter dort abzuzupfen.

Lorbeer-blatt

Lorbeer-büsche werden richtig groß und wachsen am besten als Hecke.

Avgolemon (griechische Suppe)

Zutaten: 1 Bund Dill, 1 Zitrone, 2 Eier, 40 g Rundkornreis, 0,5 l Wasser

• Den Reis waschen und 20 min in Salzwasser kochen. Die Zitrone auspressen und den Saft in einer Schüssel auffangen.

• Den Dill waschen, fein schneiden und in den Zitronensaft geben.

• Wenn der Reis gar ist, die Eier in den Zitronensaft geben und mit einer Gabel verquirlen.

• Den Inhalt der Schüssel in den Reis und das übrig gebliebene Wasser gießen und die Suppe gut verrühren, bis sie dick ist.

Erdbeeren

Erdbeeren sind die ersten Früchte im Garten, die erntereif sind. Sie verdienen es, gut gepflegt zu werden, auch wenn sie nicht besonders anspruchsvoll sind. Vor allem brauchen sie einen Platz an der Sonne.

Das Beet erhöhen

Erdbeeren mögen nährstoffreiche lockere Erde. Es bietet sich deshalb an, die Erde etwas anzuhäufeln, damit keine Staunässe entsteht. Das »erhöhte« Beet sollte etwa 70 cm breit sein und auf jeder Seite von schmalen Trampelpfaden begrenzt werden, die während der Ernte jeden Tag von Nutzen sind. Pflanze zwei Reihen Erdbeeren in einem Abstand von 30 cm auf das Hügelbeet.

Aussichten auf eine gute Ernte

Vorbereitungen im Frühjahr

Am Ende des Winters solltest du nicht versäumen die Pflanzung zu säubern und vorzubereiten.

❸ Damit die Erdbeeren nicht durch den Kontakt mit der Erde verfaulen, solltest du Stroh auslegen. Das sieht auf jeden Fall netter aus als Plastikfolie.

❷ Bevor du die durch die winterlichen Regen- und Schneefälle klumpig und hart gewordene Erde mit der Hacke auflockerst, streust du etwas Dünger aus. Aber Achtung: Zu viel Dünger führt zu übermäßiger Blattentwicklung.

❶ Entferne vorsichtig alle alten Blätter vom letzten Herbst.

Samenkörnchen

Blüte

Fruchtfleisch

Die Auswahl der Sorten

Je nach Sorte kann der Geschmack von Erdbeeren sehr unterschiedlich sein. Wenn du Erdbeeren kaufst, ist der Name der Sorte normalerweise auf dem Etikett angegeben. Vergleiche also zunächst und kaufe dann Setzlinge einer Sorte, die du magst. Aber vielleicht hast du ja schon Erdbeerpflanzen oder dein Nachbar hat welche? Dann kannst du selbst neue Pflanzen aus Ablegern ziehen. Ableger sind Stängel, die aus der Erdbeerpflanze wachsen und an denen sich ganz von selbst kleine Pflänzchen entwickeln. Du schneidest die Stängel ab, wenn diese jungen Setzlinge Wurzeln gebildet haben. Pflanze sie sofort ein. Juli ist dafür der beste Zeitpunkt.

Ableger

Auch Erdbeeren altern

Mit jedem Jahr bringen Erdbeerpflanzen weniger schöne Früchte hervor. Daher solltest du alle 2 Jahre neue Pflanzen setzen. Du kannst auch 2 verschiedene Sorten in deinem Garten anbauen. Zum Beispiel eine frühe, die gleich im Frühjahr Früchte hervorbringt (du kannst die Reifung beschleunigen, indem du einen Plastiktunnel über das Beet spannst), und eine späte, die klettert und vom späten Frühjahr bis in den Herbst hinein Früchte trägt, wenn das Klima und das Wetter mitspielen.

Woher stammt die Erdbeere?

Walderdbeeren kennt man in Europa schon seit der Steinzeit. Im Mittelalter begann man sie zu kultivieren. Schon damals wusste man, wie man ihre Reife beschleunigt. An ihrer kleinen Größe ließ sich jedoch nichts ändern. Erst als im 18. Jh. eine Erdbeerart mit riesigen Früchten aus Chile nach Europa kam, zeigten sich erste Zuchterfolge. Die Holländer waren es dann, die mit der »Ananas-Erdbeere« die Stammform unserer heutigen Erdbeere züchteten.

Erdbeersirup

Zutaten: 500 g Erdbeeren und Zucker

• Erdbeeren entstielen, waschen und in Viertel schneiden. In einem Topf auf sehr kleiner Flamme unter ständigem Rühren etwa 30 Sekunden kochen lassen.

• Vom Feuer nehmen. Sobald die Erdbeeren abgekühlt sind, gießt du sie durch ein Sieb und fängst den Saft auf.

• Wiege den Saft ab und gib pro 100 g Saft 120 g Zucker dazu. Das Ganze in einem Topf 2 min lang kochen und in Flaschen abfüllen.

• Die übrig gebliebenen Erdbeeren erneut kurz aufkochen. Mit Zucker abschmecken und das leckere Kompott in den Kühlschrank stellen.

Himbeeren

Himbeeren gehören zu den Brombeergewächsen, die allesamt gierig nach Nährstoffen sind und sich problemlos vermehren. Da sie zum Wuchern neigen, müssen sie unbedingt gebändigt werden. Sie bevorzugen schattige Standorte.

Himbeeren neigen zum Wuchern, sind aber sehr schmackhaft.

Himbeeren pflanzen

Himbeeren bilden lange, kräftige Ruten aus, die man im Herbst oder Frühjahr mit den Wurzeln einpflanzt. Da sie gierig nach Nährstoffen sind, sollte man ihnen im Winter eine dicke Schicht Kompost oder Mist gönnen und nach der Ernte etwas Dünger geben, damit sie neue Triebe für das nächste Jahr bilden. In den trockenen Monaten großzügig gießen.

Jedes Jahr neue Triebe

Himbeeren bilden so genannte Ruten aus. Ihre Besonderheit ist, dass sie nur ein einziges Jahr Früchte tragen und diese Aufgabe dann den neuen Schösslingen überlassen. Daher müssen alle Ruten, die bereits Früchte hatten, nach der Ernte entfernt werden. Auch die Schösslinge kannst du nicht alle stehen lassen. Wähle die kräftigsten aus, behalte aber nicht mehr als 3 pro Pflanze.

Biege die Ruten zum Abschneiden um.

Himbeeren bändigen

Wenn du dir die Himbeerernte leicht machen und vermeiden willst in den stachligen Zweigen hängen zu bleiben, solltest du Eisendrähte spannen, an denen du die Ruten befestigst. Einige Pfosten und 2 Drähte reichen völlig aus. Im Winter kürzt du die jungen Triebe um ein Drittel und befestigst sie, nachdem du sie umgebogen hast. Dann entwickelt sich das so genannte Fruchtholz nach außen und die Himbeeren sind leichter zu ernten.

Johannisbeeren

Wozu Johannisbeeren anpflanzen? Du findest sie sauer, selbst wenn sie schön rot und verführerisch aussehen. Außerdem machen sie die Zähne pelzig. Aber du liebst Johannisbeergelee. Also zweifle nicht: In jeden Garten gehören Johannisbeersträucher.

Ab in die Sonne

Stecklinge von Johannisbeeren »gehen sehr gut an«. Wenn du im Winter ein Stück von einem Zweig bekommst, kannst du es einpflanzen. Allerdings musst du 3 Jahre warten, bis du eine schöne Ernte einbringen kannst. Besser ist es daher, Pflanzen mit Wurzeln zu kaufen. An einem sonnigen Standort tragen Johannisbeersträucher viele Früchte. Im Schatten bekommst du weniger und saurere Früchte. Die Wurzeln dieser Sträucher sind eher flach, aber dürsten nach Humus. Sie brauchen vor allem im Winter Nahrung. Nach der Ernte musst du für Nachschub sorgen, damit die Pflanze wieder zu Kräften kommt. Reichliches Gießen ist dann sehr wichtig.

Sehr verführerisch, aber auch für die Vögel...

Zurückschneiden

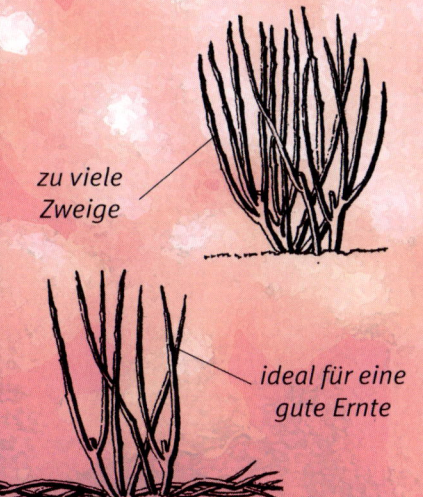

zu viele Zweige

ideal für eine gute Ernte

Johannisbeersträucher bilden jedes Jahr neue Zweige und sind irgendwann so verholzt, dass die Fruchtbildung darunter leidet. Deshalb müssen sie beschnitten werden. Das Grundprinzip dabei ist klar: Schneide so zurück, dass die Zweige sich nicht behindern. Außerdem musst du einen oder zwei frische Triebe stehen lassen, um die Pflanze zu verjüngen. Wenn du mit der Gartenschere vor dem Johannisbeerstrauch stehst, solltest du also öfter innehalten, um die Folgen deines Tuns zu begutachten. Das Ergebnis sollte ein Strauch mit kräftigen und frei wachsenden Zweigen sein.

Vergiss nicht: Gleich nach der Ernte bilden sich die Blütenknospen, aus denen im nächsten Jahr die Johannisbeeren entstehen werden.

Kompott aus roten Gartenfrüchten

Zutaten: je 1 Schale Himbeeren und Johannisbeeren, 50 g Zucker

● Die Johannisbeeren waschen und mit einem Esslöffel Wasser und dem Zucker in einen Topf geben. Auf großer Flamme und unter ständigem Rühren kurz aufkochen, vom Herd nehmen und abkühlen lassen.

● Das Kompott durch ein Sieb passieren und probieren, ob es süß genug ist. In den Kühlschrank stellen. Die frischen Himbeeren unterheben und kühl servieren.

Der blühende Garten

In Zeitschriften und Katalogen sehen alle

Blumen wunderschön aus.

Du kannst dich gar nicht

entscheiden. Am Anfang

fällt die Wahl schwer.

Pflanze zunächst Blumen,

die robust sind und

auch bei einem

Gärtnerlehrling gedeihen!

Rosen

Du verzeihst ihr alles: die Dornen an den Stängeln, die Blattkrankheiten, die kurze Blütezeit . . . Sie ist einfach wunderschön. Nicht ohne Grund hat die Rose viele Dichter inspiriert. »Nun lass den Sommer gehen, lass Sturm und Winde wehen. Bleibt diese Rose mein, wie könnt ich traurig sein?«

Die verschiedenen Rosensorten

Es gibt nicht nur verschiedene Rosensorten, sondern auch sehr unterschiedliche Wuchsformen.

Die Zwergrose ▲
Sie wurde gezielt als kleinwüchsige Sorte gezüchtet. In einem Kübel an der Hauswand kommt sie schön zur Geltung.

Die Hochstammrose ▲
Der hoch gewachsene Stamm wird von einer Stütze gehalten und gehörte ursprünglich zu einer Wildrose. Auf diese hat der Züchter eine andere Rosensorte gepfropft.

Die Kletterrose ▶
Ihre langen Zweige brauchen eine Stütze. Kletterrosen sind besonders dekorativ, wenn sie an einer Hauswand emporranken können.

In der Sonne

Rosen lieben die Sonne und hassen Feuchtigkeit. Sie sind mit fast jedem Boden zufrieden. Allerdings muss dieser mit granuliertem Mist und Holzasche gedüngt werden, wenn eine üppige Blüte erreicht werden soll. Oft ist auch angereicherter Torf von Nutzen. Vor allem bei den Sorten, die zweimal blühen, ist der Einsatz von Kunstdünger notwendig. Einmal nach der ersten Blüte, ein zweites Mal vier Wochen später (etwa 15 bis 20 g pro m² mit der Hacke einarbeiten).

Containerpflanzen oder wurzelnackte Rosen?

Im Fachhandel erhältst du das ganze Jahr über Rosen im Container. Du kannst sie außer im Winter immer umpflanzen. Am Anfang brauchen sie viel Pflege. Im Winter kannst du so genannte »wurzelnackte« Rosen ohne Container kaufen, die letztlich schöner blühen.

❶ Lasse die Rose nach dem Kauf nicht herumliegen. Vor dem Einpflanzen weichst du die Wurzeln 1 Stunde lang im Wasser ein.

❷ Schneide die Wurzeln auf eine Läng von 20–25 cm zurück und entferne alle verfaulten oder vertrockneten Wurzeln.

❸ Grabe ein ausreichend großes Loch, sodass die Wurzeln genügend Platz haben. Kürze die Zweige auf 40 bis 50 cm Länge. Schneide sie im Frühjahr zurück.

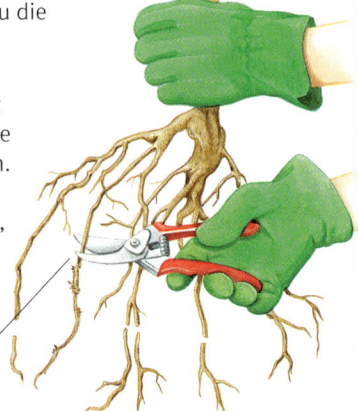

Wurzeln verjüngen

◀ **Strauchrosen**

Strauchrosen sind sehr verbreitet. Ihre Zweige sprießen direkt aus den Wurzeln, ohne dass ein Stamm heranwächst. Man lässt die Zweige etwa 2 m lang werden.

Überall Rosen

Den Züchtern ist es durch Zuchtwahl und Hybridisierung gelungen, aus Wildrosen wunderschöne Edelrosen zu züchten. Sie haben auf der ganzen Welt – in China, Indien, im Nahen Osten – nach Wildlingen gesucht, um neue Sorten zu schaffen. Nur deshalb erblühen heute überall so viele verschiedene Rosen. Und ein Ende ist nicht abzusehen, denn die Rosenzüchter präsentieren jedes Jahr neue Züchtungen. Überlasse die Auswahl deiner Rosen nicht dem Zufall. Schaue dir die Bilder im Katalog genau an und suche jene aus, die dir wirklich gefallen.

Beetrosen ▶

Auch hier entspringen die Zweige direkt an der Wurzel. Sie werden zwischen 60 und 100 cm hoch.

168

Pflegeprogramm für Rosen

Auch im Winter muss man sich um Rosen kümmern.
Mit der Gartenschere entfernst du totes Holz und alle
schwachen Triebe. Die anderen Zweige werden auf
eine Länge von etwa 50 cm gekürzt. Im Februar findet
der eigentliche Schnitt statt. Das Ziel dabei ist, jene
Triebe zu fördern, die die Blüten hervorbringen
werden. Du lässt lediglich 4 oder 5 Zweige pro
Pflanze stehen und suchst natürlich die kräftigsten
aus. Denk außerdem daran, vor
allem jene Äste zu bewahren, die
nach außen wachsen, damit die
Rosen während der nächsten
Blüte genügend Platz haben.
Lasse an jedem Ast 2 bis
4 Augen stehen.

Verjüngungsschnitt

Formschnitt

Mehrfachblüher

Mehrfachblüher sind Pflanzen, die nach der ersten
Blüte im Frühjahr noch einmal Blätter und Blüten
hervorbringen. Zu ihnen gehören die Rosen.

*Ein Auge ist eine an einer Blatt-
achsel sitzende Knospe. Aus ihr
geht ein neuer Zweig hervor.*

Rosenkrankheiten

Deine Rose sieht nicht gut aus? Nimm eine Lupe und schaue sie dir genau an. Vielleicht ist sie voll mit Läusen, die den Saft aus den jungen Trieben und selbst aus den Knospen saugen? Dann musst du diese Parasiten unbedingt entfernen. Wenn es viele Marienkäfer im Garten gibt, erledigen sie das für dich. Aber im Allgemeinen kommst du nicht darum herum, ein In-sektenvernichtungsmittel zu spritzen. Schwarze oder rostfarbene Flecken oder weißer Filz unter den Blättern? Die Rose ist krank. Man sollte das Auftreten derartiger Krankheiten verhindern, indem man in der Wachstums-phase regelmäßig alle 3 bis 4 Wochen ein spezielles Mittel für Rosen spritzt.

Marienkäfer fressen Läuse.

Rosenmehltau: Es ist bereits zu spät!

Verwelkte Blüten abschneiden

Natürlich sieht es schöner aus, wenn du verwelkte Blüten abschneidest. Aber darum geht es nicht. Sie müssen abge-schnitten werden, damit die Pflanze sich nicht durch die Aus-bildung von Früchten verausgabt, sondern sich auf neue Blü-ten konzentriert. Aber Achtung! Das ist keine leichte Aufga-be, denn nur bestimmte »Augen« können aufblühen.

Polyantharosen: Entferne den ganzen Zweig mit den verwelkten Blüten.

Edelrose: Schneide sie unmittelbar über dem zweiten Blatt ab.

Die Knospe (das Auge) entwickelt sich direkt in der Blattachsel.

Eine eigene Rose heranziehen

Du kannst selbst einen Abkömmling deiner Lieblingsrose heranziehen und zum Blühen bringen. Lasse einige Blüten reifen, sodass sie Früchte, die so genannten Hagebutten, hervorbringen. Pflücke diese im November ab: Sie enthalten die Samen. Gib die Hagebutten in einen mit Sand gefüllten Blumentopf. Lasse ihn draußen in der Kälte an einem trockenen Ort stehen.

Kelchblätter

Frucht

Kiftsgate ▲
Die flexiblen Zweige dieser Wildrose können bis zu einer Höhe von 6 m klettern. Sie ist im Juni mit großen weißen Blüten bedeckt. Im Herbst sind die roten Hagebutten sehr schön anzusehen.

Wird sie blühen?

Im Februar öffnest du die Hagebutten und nimmst die Samen heraus. Säe sie in einer Schale aus und pikiere sie zu gegebener Zeit. Sobald die Pflänzchen 10 bis 12 cm groß sind, pflanzt du die schönsten ins Freiland. Unter günstigen Bedingungen blühen einige von diesen jungen Rosen schon im Sommer. Die meisten werden jedoch auf das nächste Jahr warten. Vielleicht wird sogar ein außergewöhnlich schönes Exemplar darunter sein.

Louise Odier ▲
Diese alte Strauchrose bringt bis in den Herbst wohlriechende Blüten hervor.

American Pillar (4 m) ▲
Ideal zum Bepflanzen von Torbögen und Lauben.

Rosenstecklinge

Du möchtest Rosen, die exakt dieselben Blüten hervorbringen wie die Mutterpflanze? Dann musst du im November Stecklinge ziehen.

❶ Von einem einjährigen Trieb schneidest du ein 25 bis 30 cm langes Stück ab. Am oberen Ende erfolgt der Schnitt oberhalb eines Auges, am unteren unterhalb eines Auges. Um sicher zu gehen, ziehst du mehrere Stecklinge.

❷ Hebe einen kleinen Graben aus und gib eine Schicht Sand hinein.

❸ Stecke die vorbereiteten Zweige im Abstand von 15 cm in den Sand und fülle den Graben mit Erde auf. Ab dem Frühjahr gießt du mäßig.

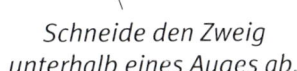

*Schneide den Zweig
unterhalb eines Auges ab.*

*Setze alle 15 cm einen
Steckling ein.*

❹ Im Frühjahr bilden die Stecklinge Wurzeln und fangen an zu wachsen. Sie sind anfangs sehr empfindlich. Du solltest sie ein wenig verwöhnen. Im folgenden Herbst pflanzt du die schönsten Exemplare an ihren endgültigen Standort.

Bagatelle ▼
Diese Kletterrose hat leuchtend rosa Knospen, die entfalteten Blüten werden aber immer blasser.

▲ **Stern von Holland**
Sehr stark duftende Rose,
die mehrmals blüht.

Aufsehen erregend – die einjährigen Blumen sind der Blickfang jedes Gartens.

Sommerblumen

Als Sommerblumen bezeichnet man einjährige Pflanzen. Sie keimen, wachsen, blühen und vergehen im Laufe eines einzigen Jahres. Als Gärtner beschäftigst du dich vor allem im Frühjahr mit ihnen und überlegst dir, in welchen Farben dein Garten im Sommer blühen soll. Versäume also nicht, im Frühling die Einjährigen in die Erde zu setzen.

Kaufen oder säen?

Es ist verführerisch, im März oder April in eine Gärtnerei zu gehen und sich mit Pflanzen einzudecken. Das hat aber zwei Nachteile. Erstens sind die angebotenen Blumen recht gewöhnlich – mit den üblichen Petunien, Begonien und Tagetes ist es kaum möglich, dem Garten eine persönliche Note zu geben. Zweitens kommen diese Pflanzen direkt aus dem Treibhaus. Das Risiko, dass sie im Freiland unter der Kälte leiden, ist groß.

Sei vorsichtig!
Bei Sonderangeboten solltest du misstrauisch sein. Meist werden jene Pflanzen angeboten, die lange in den Geschäften standen. Sie sind zu groß, welk und kümmerlich. Manche Blätter sind schon gelb. Selbst wenn der Preis günstig ist, machst du mit ihnen kein gutes Geschäft, denn die Wahrscheinlichkeit, dass sie überleben, ist gering.

Selbst säen

Auf geht's! Selbst säen macht viel mehr Spaß. Du kannst einjährige Pflanzen direkt an ihrem endgültigen Standort im Garten aussäen. Hüte dich vor den Schnecken und vergiss nicht Unkraut zu jäten, das schneller wächst als die Blumen. Wenn die Pflanzen kräftig genug sind, pikierst du so, dass nur alle 10 bis 20 cm eine übrig bleibt.

Eine zweite Aussaat

Einjährige können ohne Unterbrechung bis zum ersten Frost blühen. Zwei Bedingungen müssen jedoch erfüllt sein: Sie brauchen immer ausreichend Wasser und die verwelkten Blüten müssen regelmäßig entfernt werden. Dennoch altern manche Einjährige schneller als andere: Schmuckkörbchen zum Beispiel. Um ihre kürzere Lebensdauer auszugleichen, säst du im Juni ein zweites Mal aus. Die neuen Keimlinge werden nach kurzer Zeit groß genug sein, sodass du die alten Pflanzen durch junge, kräftige ersetzen kannst.

Spinnenpflanze ▲

Sie stammt ursprünglich von den Antillen, hat sich aber bei uns sehr gut eingelebt. Sie blüht schon bei geringer Wuchshöhe und kann bis zu 1 m hoch werden.

Goldmohn ▲

Diese Mohnsorte kommt wild in Amerika vor und ist dort sehr verbreitet. Die herabgefallenen Samen können bereits im Oktober keimen.

Lobelien ▶

Mit ihren leuchtend blauen Blüten sind Lobelien eine ideale Einfassung für Beete und Blumenrabatten. Es gibt auch eine hängende Hybridsorte, die bei Balkongärtnern sehr beliebt ist.

Bechermalven ▲

Die weißen, rosa oder blasslila Blüten bedecken eine Pflanze, die sehr groß werden kann. Daher musst du ihr ausreichend Platz einplanen.

Tagetes ▲

Sie sind leicht zu ziehen, blühfreudig und dekorativ. Kombiniere sie mit anderen Pflanzen in der Rabatte.

Sonnenhut ▲

Der Sonnenhut ist in nährstoffreicher Erde leicht zu ziehen. Er blüht ausdauernd und üppig in gelben, braunen und selbst orangen Farbtönen.

Löwenmäulchen ▶

Am Ende der Stängel sitzen die Blüten, die in vielen verschiedenen Farbtönen erhältlich sind. Suche dir solche aus, die dir gefallen und die von der Größe her in deinen Garten passen. Die größeren Sorten sind hervorragende Schnittblumen.

◄ **Fleißiges Lieschen**

Diese kleinen Pflanzen sind die Herrscher des Schattenreichs. Sie blühen rot, orange, rosa, blasslila, weiß und lassen sich gut mischen. Wenn du einen Steckling zur Wurzelbildung ins Wasser stellst, kannst du dich sogar im Winter über ein blühendes Exemplar auf dem Fensterbrett freuen.

Roter Salbei ▲

Wenn du rote Farbtupfer im Garten haben möchtest, solltest du Salbei pflanzen. Er blüht schon im Juli. Im September beherrscht sein Rot die Beete.

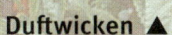

Duftwicken ▲

Ihre Schmetterlingsblüten bilden Trauben. Die Stängel werden recht lang und kriechen am Boden entlang, wenn sie keine Stütze haben.

Zweijährige Sommerblumen

Zweijährige? Eigenartig . . . Das sind Pflanzen, die im ersten Jahr gesät oder gepflanzt werden, aber erst im zweiten Jahr blühen. Sie überwintern in der Erde und blühen früh im Jahr. Nach der Blüte sterben sie leider ab. Erwarte nicht, dass sie ein zweites Mal blühen!

Manche Blumen verblühen schneller als andere. Das ist nicht schlimm. Ersetze sie nach einigen Tagen durch neue Pflanzen.

Aussaat und Pflanzung

Ab Juni kannst du die Zweijährigen aussäen und in kleine Becher verziehen. Im Herbst pflanzt du sie ins Freiland. Sie werden kräftiger und bilden ihre Wurzeln aus. Manche sind an den ersten schönen Tagen im Frühjahr so weit, ihre Blüten zu öffnen; andere blühen erst im Sommer. Im Frühjahr kannst du in den Gärtnereien Zweijährige kaufen, die in Töpfen herangewachsen sind. Unter Umständen vertragen sie das Aus-pflanzen schlecht. Wenn du solche Pflanzen kaufen möchtest, solltest du das im Herbst tun und sie gleich aus-pflanzen.

Blumen zu pflanzen ist ein Vergnügen.

Achte darauf, die Setzlinge gleich-mäßig zu verteilen.

Sorten kombinieren

Die schönsten Beete und Rabatten kannst du gestalten, wenn du verschiedene Blumensorten kombinierst. Eine Bedingung ist, dass ihre Formen, Farben und die Größe gut zusammen-passen. Dabei ist die gekonnte Anordnung der Schlüssel zum Erfolg. Stiefmütterchen kannst du zum Beispiel mit Gänseblümchen, Primeln, Vergissmeinnicht und Nelken ergänzen.

Gefüllte Blüten?

In der Natur gibt es keine gefüllten Blüten, weil alle Blumen Samen hervorbringen. Die gefüllten Blüten in unseren Gärten sind Schöpfungen von Botanikern. Ihre Staubgefäße sind zu Blütenblättern umgewandelt, sodass die Bildung von Samen unmöglich ist.

Winterblumen

Kaum ist der Dezember angebrochen, stellen Gärtnereien und Blumenläden blühende Pflanzen aus, die mit ihren Farben und ihrer Blütenvielfalt locken: Stiefmütterchen und Primeln. Sie wurden im Treibhaus großgezogen und zwar zur völlig falschen Zeit. Was tun mit diesen verführerischen Mitbringseln? Nimm welche mit nach Hause und pflanze sie mit Ballen in ein Gefäß, in dem sie gegossen werden können. Wenn alles gut geht, überleben sie 2 bis 3 Wochen und wir können uns an ihnen freuen.

Stockrosen ▲

Sie können riesig werden. Wenn ihnen der Boden gefällt, wachsen sie bis zu einer Höhe von 3 m und mehr. Also überlege dir gut, wohin du sie pflanzt.

Glockenblumen ▲

Wähle die großblumigen aus, die an dem bis zu 80 cm hohen Stängel schöne glockenförmige Blütenstände ausbilden.

Stiefmütterchen ▲

In Regionen mit durchgehend mildem Klima kann es vorkommen, dass einzelne Exemplare im Winter blühen und die Blütenfülle des Frühlings ahnen lassen. In kühleren Gegenden blühen sie nur im Sommer.

Silberling ▲

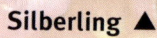

Diese auch Mondviole genannte Pflanze ist im Frühjahr von
purpurvioletten kleinen Blüten
bedeckt. Beliebt ist sie vor
allem wegen der dekorativen
Silbermembran, die übrig bleibt, wenn im
Herbst die Samen abgefallen sind. Man
verwendet sie für Trockenblumensträuße.

Gänseblümchen ▲

Sie sind die Abkömmlinge der auf unseren
Wiesen wild wachsenden Gänseblümchen.
Sie wurden zwar durch Züchtung
verbessert, sind aber den bekannten
Blattrosetten immer noch sehr ähnlich.

Goldlack ▶

An den wenig verzweigten Ästen sitzen
doppelständige Blütentrauben, deren
Farben viele verschiedene Abstufungen
haben. Er fürchtet die Feuchtigkeit.

Vergissmeinnicht ▶

Sie unterscheiden
sich kaum von ihren
wilden und eben-
falls genügsamen
Vorfahren. Wegen
ihrer schönen blau-
en Blüten und der
problemlosen Pfle-
ge verdienen sie es,
in jedem Garten ver-
treten zu sein – ent-
weder auf dem Beet
oder in der Rabatte.

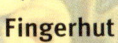

◄

Fingerhut

Er gedeiht in der
Sonne, verträgt aber
auch Halbschatten. Er
pflanzt sich durch
spontanen Abwurf
seiner Samen fort,
wobei die verwilderten
Exemplare nicht unbe-
dingt die Farben der
Eltern aufweisen.

Primeln ▲

Sie sehen robuster aus, als sie sind. Da sie große
Kälte und Trockenheit fürchten, müssen sie
abgedeckt und regelmäßig gegossen werden.

Schnittnelken ▲

Diese wohlriechenden Schnittblumen sind echte Klassiker.
Ihr langer, gerader Stängel ist kräftig. Die Stecklingsver-
mehrung ist problemlos.

Mehrjährige Pflanzen sind viele Jahre lang eine Zierde.

Mehrjährige Pflanzen

Diese Blumen blühen mehrere Jahre nacheinander, ohne dass man sie neu pflanzen muss. Daher ihr Name. Ihre Formen und Farben sind sehr vielseitig; sie sind widerstandsfähig und blühen 4 bis 5 Wochen lang. Da der Zeitpunkt ihrer Blüte absehbar ist, kann man so pflanzen, dass vom Frühjahr bis zum Herbst Blumen im Garten blühen.

Eine lange Saison

Die Stängel der Mehrjährigen sterben im Herbst ab, während die Wurzeln ihre Ruhephase beginnen. Im Frühjahr wachsen neue Pflanzen heran. Achtung: Manche Mehrjährige sind frostempfindlich. Frage beim Kauf nach, ob deine Neuerwerbung an deinem Wohnort vor Frost geschützt werden muss. Dazu deckst du im Winter den Wurzelballen mit Stroh, Laub oder einem kleinen Häufchen Erde ab.

Im Herbst gibt es noch Blüten, aber auch schon Samen.

Wiederauferstehung im Frühjahr

Decke mehrjährige Pflanzen im Winter zu.

Schnecken mögen mehrjährige Pflanzen besonders gerne, vergiss das nicht! Der Wurzelballen mit den neuen Knospen – selbst wenn sie noch in der Erde sind – ist sehr verführerisch, wenn die Nahrung im Winter knapp ist. Nur Schneckengift bietet wirksamen Schutz.

Lasse von Mehrjährigen aus dem Mittelmeerraum lieber die Finger.

Gänsekresse ▲

Die kleinen weißen Blütentrauben öffnen sich ganz früh im Jahr. Gänsekresse wird meist in Einfassungen gepflanzt.

Wiesenraute ▲

Die filigrane Wiesenraute hat bläuliche Blätter und gefällt mit ihren duftenden hellvioletten oder gelben Blütenrispen. Sie liebt selbst im Halbschatten die Feuchtigkeit, was eher selten ist.

Den Wurzelballen teilen

Nach 3 bis 4 Jahren wird es Zeit, den Wurzelballen zu teilen. Nicht nur, damit er nicht zu viel Raum einnimmt, sondern auch, weil er altert. Die geteilten und an anderen Standorten wieder ausgepflanzten Wurzeln bringen kräftigere Triebe und damit schönere Blüten hervor. Um die Wurzel zu teilen, nimmst du sie am Ende des Winters aus der Erde und schneidest mit einem Messer vom Rand her die Seitenableger ab.

Seitenableger, der erneut eingepflanzt wird

Anemonen ▲

Sie fühlen sich im Schatten wohl und bringen an langen Stängeln (bis 80 cm) von Mitte August bis zum ersten Frost hübsche rosa oder weiße Blüten hervor. Lässt man sie in Ruhe, vermehren sie sich ganz von selbst.

Flachs ▲

Die blauen Blüten blühen von Juni bis August. Stecklinge können im April in Töpfen gezogen und im Oktober ins Freiland gesetzt werden. Nach 2 bis 3 Jahren verjüngen.

Akelei ▲

In vielen Farben und sogar zweifarbig erhältlich. Für eine kräftige Staude müssen 2 oder 3 dieser eleganten und zierlichen Pflanzen nebeneinander gepflanzt werden.

Rittersporn ▶

Eine der schönsten Mehrjährigen, die in mildem Klima zwei- bis dreimal nacheinander blüht. Das Farbspektrum reicht von weiß bis dunkelblau und rosa. Stauden, die höher als 1 m werden, müssen gestützt werden.

Königskerze ▶

Sie ist als Wildpflanze an vielen Orten anzutreffen, aber als Zuchtform wesentlich schöner. Die langen Blütenähren sind gelb oder rosa. Die behaarten Blätter überdauern den Winter. Sie versamt sich von selbst.

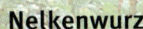 ◀

Nelkenwurz

Die Pflanze ist im Frühjahr über und über von kleinen gelben oder roten Blüten bedeckt und blüht erneut im Sommer. Sie ist nicht frostempfindlich.

Bechermalven ▲

Die fünf entfalteten Blütenblätter der im Juli blühenden Bechermalven sind rosa oder weiß. Die Pflanzen wachsen sehr schnell.

Wolfsmilch ▲

Die Blüten bilden dicke Trauben. Sie kommt mit nährstoffarmem Boden aus. Die Blätter überdauern den Winter und müssen vor dem Austreiben im Frühjahr zurückgeschnitten werden.

Kletterpflanzen

Kletterpflanzen bestehen meist aus sehr flexiblen Lianen, die sich an allem, was sich anbietet, festhalten, um in der Höhe ihre Blütenpracht entfalten zu können. Was für ein Glücksfall für den Gärtner, der normalerweise nur die flache Erde bepflanzt. Mit Kletterpflanzen kann er seinen Garten in die Vertikale wachsen lassen.

Die Glyzine, auch Blauwein genannt, lässt ihre fliederfarbenen Blüten kaskadenartig herabfallen.

Ranken und Haftscheiben

Kletterpflanzen im Garten halten sich an dem fest, was der Gärtner ihnen zur Verfügung stellt. Die Glyzine schlingt sich um die Kletterhilfe: einen Pflock oder einen abgestorbenen Baum. Die Klematis und auch der Wein halten sich mit ihren Blattstielranken an Gittern oder Eisendrähten fest. Der Efeu und die Kletterhortensie klammern sich mit ihren Luftwurzeln an eine Mauer oder an die Rinde von Bäumen.

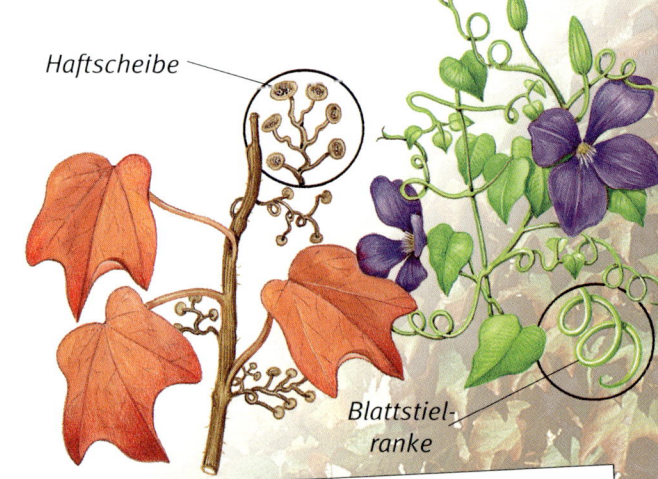

Haftscheibe

Blattstiel-ranke

Unechte Kletterpflanzen

Auch Rosen können klettern. Obwohl sie von Natur aus keine Kletterer sind. Da ihre Stängel und Äste aber relativ flexibel sind, kann man sie verbiegen, am Spalier hoch- ziehen und wie Kletterpflanzen behandeln. Die »Kletterrosen«, die du im Handel fin- dest, sind demnach in Wirklichkeit Rosen, die man zum Klettern gezwungen hat.

Glyzine ▲

Glyzinen verströmen Anfang Mai ihren angenehmen Duft im Garten. Im Winter müssen die rankenden Triebe oberhalb der zweiten Knospe gekürzt werden. Nach der Blüte beschneiden.

Blütenpracht

Die beweglichen Triebe von Kletterpflanzen wachsen sehr schnell in die Länge. Ein jährliches Wachstum von 2 m und mehr ist keine Seltenheit. Das ist durchaus ein Vorteil. Sie brauchen wenig Platz am Boden und entwickeln in der Luft eine enorme Fülle an Blättern und Blüten. Aber die Wurzeln sind gierig nach Nährstoffen und man sollte das Düngen rechtzeitig einplanen. Es liegt am Gärtner, sich für einen geeigneten Standort zu entscheiden. Er wird die Pflanzen außerdem so aussuchen, dass sie zu den Bäumen und Büschen des Gartens passen. Vielleicht lässt er sie auch an einer Mauer emporwachsen.

Klematis ▲

Am wohlsten fühlt sie sich, wenn sich der Wurzelballen im Schatten befindet und der Rest der Pflanze in der Sonne. Manche Klematis blüht im Frühling und vielleicht ein weiteres Mal. Andere blühen nur im Sommer.

◄ **Prunkwinden**

Prunkwinden sind leicht zu ziehen und sehr dekorativ.

Scheinrebe ▲

»Wilder Wein« klettert kräftig und hält sich sowohl mit Sproßranken als auch mit Haftscheiben am Untergrund fest. Er kann ganze Mauern und Felsen bedecken und wartet mit wunderschönen Herbstfarben auf.

Trompetenbaum ▲

Dieses Bignoniengewächs kann bis zu 12 m hoch werden und sich an jeder Stütze nachhaltig festhalten. Manche Sorten haben größere Blüten.

Blumenzwiebeln

Du hast eine Blumenzwiebel bekommen oder gekauft, die ähnlich aussieht wie eine Gemüsezwiebel. Man hat dir versichert, dass sich eine blühende Pflanze daraus entwickeln wird, wenn du sie im richtigen Moment in die Erde setzt. Erstaunlich! Diese Knolle, die so leblos und verkümmert aussieht? Noch erstaunlicher sind getrocknete Zwiebeln, die verschrumpelt in Netzen angeboten werden.

Farbenprächtige Zwiebelpflanzen säumen den Weg.

Nahrungsvorrat »Zwiebel«

Eine Hyazinthen- oder Narzissenzwiebel im Winter zum Blühen zu bringen ist recht einfach. Es reicht, wenn du ihr Wasser zur Verfügung stellst, sodass die Wurzeln hineinragen und wachsen können. Aber Wasser allein enthält keine Nährstoffe. Woher nimmt die Pflanze die Kraft zu wachsen und zu blühen? Sie ernährt sich von den nährstoffreichen Zellen der Zwiebel. Du willst einen Beweis dafür? Nimm die Zwiebel nach der Blüte in die Hand: Sie ist leer und fast vertrocknet. Ein anderes Experiment, ohne Wasser: Lege die Zwiebel einer Herbstzeitlosen im Herbst ins Licht. Sie wird aus eigener Kraft blühen, ohne eingepflanzt zu sein. Danach stirbt sie jedoch ab.

Nährstoffspeicher

In den Zwiebeln werden die Nährstoffreserven gespeichert. Stelle dir mal eine Blumenzwiebel vor: Sie »weiß«, dass die an der Erdoberfläche herrschende Kälte oder auch Hitze ihr schaden würden. Sie »will« aber wieder austreiben, Blätter und Blüten hervorbringen, sobald die kalte Jahreszeit vorüber ist. Also macht sie Winterschlaf, genau wie Bären oder Murmeltiere. Und dabei sammelt sie all ihre Kraft in der Zwiebel unter der Erde.

Auch unter der Schneedecke lebt die Zwiebel weiter: Wurzeln und Stängel fangen an zu wachsen.

Selbst Zwiebeln ziehen

Zwiebelpflanzen ernähren sich sowohl über ihre Wurzeln als auch aus den in der Zwiebel gespeicherten Nährstoffen. Wenn die Blüte sich entfaltet, bildet sich eine neue Zwiebel, die von der Pflanze ernährt wird. Dann verwelkt die Blüte, während die Blätter noch grün bleiben. Mit ihrer Hilfe kann die Zwiebel weiterwachsen. Wenn sie groß genug und reif ist, werden die Blätter gelb. Lasse Blumenzwiebeln also immer in Ruhe, solange die Blätter noch grün sind.

Autopsie einer Blumenzwiebel

Auf geht's, bringe ruhig mal ein kleines Opfer und schneide eine Hyazinthenzwiebel in der Mitte durch. Im Zentrum der Zwiebel siehst du die Knospe der Blüte bereits angelegt. Sie ist von 2 Blättern umgeben. Das auf der linken Seite ist weiter entwickelt als das rechte und zeigt schon seine vorwitzige Nasenspitze. Drum herum befinden sich mehrere Schichten des nährstoffspeichernden Gewebes, das die Zwiebel aber nicht verlässt. Die trockene Schale schützt die lebenden Teile der Blumenzwiebel. Am unteren Ende befindet sich eine harte Verdickung, aus der sich die Wurzeln entwickeln.

Schneide deine Zwiebel mit einem scharfen Messer in zwei Hälften.

Blätter

Knospe der Blüte

Baby-Zwiebel mit Baby-Blüte

Wurzelknoten

Woher stammen Blumenzwiebeln?

Blumenzwiebeln sind in unseren Breiten so bekannt wie Gemüsezwiebeln – daher auch die gemeinsame Bezeichnung »Zwiebel«. Die meisten Blumenzwiebeln, die in unseren Gärten wachsen, wurden im Laufe der letzten Jahrhunderte von Botanikern in der ganzen Welt gesammelt. Tulpen beispielsweise wachsen in den Wüsten des Mittleren Ostens, in Zentralasien und bis in die Niederungen des Himalajas wild.

Außer Zwiebelpflanzen speichern noch andere Pflanzen Nährstoffe. Man spricht dann davon, dass sie fleischige Wurzelstöcke haben: Sie schließen ihre Reserven in bizarr geformten Knollen ein. Tulpen, Hyazinthen, Narzissen und Krokusse haben elegant geformte Zwiebeln Anemonen, Dahlien und Taglilien fleischige Knollen. Die ganz spezielle Wurzelform der Iris nennt man Rhizom. Zum Glück wirkt sich die Form der Wurzeln nicht auf die Schönheit der Blume aus, die aus ihr hervorgeht.

Rhizom

Zwiebel

Knolle

Krokusse ▲

Sie existieren in fast allen Farben. Der Zeitpunkt der Blüte ist sehr unterschiedlich. Sie können auch in den Rasen gepflanzt werden, sodass er zwischen Februar und April immer bunte Farbtupfer aufweist.

Narzissen ▲

Narzissen oder Osterglocken sind im Frühjahr die ersten großen Blumen im Garten. Sie mögen es nicht, alleine zu stehen. Pflanze daher immer 5 Zwiebeln in einer Gruppe.

Anemonen ▲

Sie blühen sehr früh, manchmal schon im Winter, wenn das Wetter mild genug ist. Schneidet man die verwelkten Blüten regelmäßig ab, blühen sie über einen langen Zeitraum hinweg immer wieder.

Steppenkerze ▲

Sie entfaltet im Mai nach und nach ihren riesigen Blütenstand. Da sie ursprünglich aus der Steppe stammt, mag sie keine Feuchtigkeit. Sie ist einfach zu ziehen.

Hakelilie ▶

Diese Lilie braucht viel Platz, da ihr beeindruckendes Blattwerk sich großräumig entfaltet. Pflanze die Zwiebeln 25 cm tief ein und decke sie im Winter ab. Die vertrockneten Blätter werden erst im Frühjahr abgeschnitten.

Riesenknoblauch ▼

Die lilafarbenen Blütenkugeln sitzen am Ende des 1 m langen Stängels und wirken besonders spektakulär, wenn 4 bis 5 Pflanzen nebeneinander wachsen. Pflanze sie an einem sonnigen Standort in einer Tiefe von 15 cm.

Spaltgriffel ▲

Die rosa oder rot blühenden Blumen sehen ein wenig aus wie kleine Gladiolen und sind im Herbst oft die letzten, die dem blühenden Garten ihren Gruß entbieten. Sie werden an einem sonnigen, feuchten Standort in Gruppen von etwa 20 Pflanzen gesetzt.

Dahlien

Dahlien stammen ursprünglich aus Mexiko. Allerdings ähneln die in unseren Gärten heimischen ihren Vorfahren kaum noch. Durch Zuchtwahl und Kreuzung ist eine Pflanzenfamilie mit einer unendlichen Vielfalt an Größen, Formen und Farben entstanden. Dahlien sind recht robust.

Für eine lang anhaltende Blüte

Blumen und Blüten sind für uns eine Augenweide. Für die Pflanzen spielen ästhetische Gründe jedoch überhaupt keine Rolle. Sie blühen nur, um sich fortzupflanzen. Mit den Blüten locken sie Bienen an, die den Pollen auf der Narbe des Stempels verteilen. Du bist aber vor allem an den schönen Blüten interessiert. Also darfst du nicht zögern: Hindere die Blumen daran, Samen zu bilden. Wenn du die Blüten immer abschneidest, sobald die Blütenblätter anfangen zu verwelken, unternimmt die Pflanze immer neue Anstrengungen und blüht und blüht und blüht.

Pflege

Dahlien werden im April ins Freiland gesetzt und fangen sehr schnell an zu wachsen. Deshalb solltest du darauf achten, dass sie nicht durch späten Frost Schaden nehmen. Es reicht, ihnen einen Hut aus Zeitungspapier überzustülpen. Im September solltest du zweimal spritzen, um Krankheiten wie Mehltau vorzubeugen. Nach den ersten Frösten im Herbst schneidest du das restliche Kraut ab und nimmst die Wurzelballen vorsichtig aus der Erde. Diese werden in eine Kiste auf leicht angefeuchteten Torf gebettet und im Haus gelagert.

Kaktusdahlien ▼
Die schlanken, tütenartig eingerollten Blütenblätter werden zur Mitte hin heller.

Pompondahlien ▲
Die rundlichen Blütenblätter erinnern an Honigwaben.

Ein Phänomen

Ich bin eine Baumdahlie und kann bis zu 6 m hoch werden. Meine großen Blätter (7 x 5 cm) sind sehr dekorativ. Meine vielen hundert Knospen öffnen sich alle gleichzeitig und die rosa-hellvioletten Blüten mit ihren langen Blütenblättern bilden ein richtiges Blumenmeer. Ich brauche allerdings viel Platz. Ach ja, das Wichtigste hätte ich beinahe vergessen: Wind und Kälte sind schrecklich für mich. Da ich erst im November blühe, reicht ein einziger Frost und die ganze Herrlichkeit ist vorbei!

Blüten entfernen

Blüten sollten immer an der Blattachsel abgeschnitten werden, und zwar 2 Blätter unterhalb der Knospe. Dann schadet das Abschneiden der Blumen (für einen Strauß) der Pflanze am wenigsten, weil die darunter liegenden Knospen sich entwickeln können.

Knospen entfernen

Die 2 Knospen unterhalb der obersten Knospe sollten entfernt werden, damit diese ungestört wachsen kann und ausreichend Nährstoffe bekommt.

Balldahlie ▶
Eine schöne rotorangene Sorte.

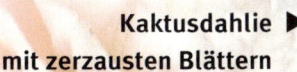

Einfache Dahlie ▲
Einfache Blüten; lange Blühdauer von Mai bis Oktober.

Kaktusdahlie ▶
mit zerzausten Blättern
Die Blattspitzen der Blütenblätter sind geschlitzt.

Iris

Irispflanzen werden auch Schwertlilien genannt. Sie erfreuen den Anfänger genauso wie den erfahrenen Gärtner. Das Rhizom, das du im Sommer in die Erde pflanzt, wird dich im nächsten Frühjahr mit einer üppigen und farbenprächtigen Blüte überraschen, auch wenn du anfangs vielleicht am Erfolg gezweifelt hast.

Im Sommer pflanzen

Das Rhizom speichert im Laufe des Jahres so viel Kraft, dass der neue Stängel kräftig und gerade wächst. Er trägt an seinem Ende die Knospen, die sich nach und nach zu Blüten mit ausgefallenen Farben entfalten. Schwertlilien lieben Standorte in der prallen Sonne und leiden unter übermäßiger Feuchtigkeit. In Regionen mit hoher Niederschlagsrate ist es daher angebracht, sie in einem kleinen Hügelbeet zu platzieren. Pflanze sie im Sommer in gut vorbereiteten und gedüngten Boden. Die Triebe dürfen am Rhizom kaum sichtbar sein. Ein nützlicher Trick: Die Spitze des Rhizoms in Richtung Süden ausrichten.

Das Rhizom teilen

Die Iris bleibt 4 bis 5 Jahre am selben Standort, dann wird die Wurzel geteilt. Nimm im Juli das gesamte Rhizom aus der Erde. Es macht nichts, wenn dabei Teile abbrechen. Die schönsten Stauden pflanzt du an anderer Stelle wieder ein. Solange sie klein sind, solltest du Unkraut entfernen und sie vor Schnecken beschützen. Bei feuchtem Wetter spritzt du etwas Kupferkalkbrühe. Im Mai gibst du ein wenig mit Blumenerde vermischten Volldünger an den Standort, um die vom Regen weggespülte Erde über dem Rhizom zu ersetzen.

Behalte einen schönen Trieb.

Dieses Rhizom kann geteilt werden.

Schneide die Blätter kräftig zurück.

Sparkling Water ▲
Große, leicht gewellte Blütenblätter in Hellblau.

Edith Whofad ▲
Zweifarbige Schwertlilie mit gewellten Blütenblättern.

▲ **Lovely Glow**
Aprikosenfarbene Blütenblätter, in der Mitte orange.

Gewöhnliche Blumen?

Gibt es gewöhnliche, nichts sagende Blumen? Sind das jene, die man überall sehen kann? Aber hängt die Tatsache, dass sie so verbreitet sind, nicht mit ihren Qualitäten zusammen? Und was wären unsere Gärten ohne die Margeriten und Vergissmeinnicht, über die sich schon unsere Großeltern gefreut haben? Jede Blume hat ihren Platz im Garten. Pflanze die mit den lebhaften Farben neben die blassen, die großen neben die kleinen.

Provence ▲
Rotbraun, Hängeblätter in der Mitte gelb.

194

Lilien

Lilien bleiben im Garten nie unbemerkt. Sie tragen ihre Blüten hoch erhoben und verströmen häufig einen angenehmen Duft. Die echten Madonnen- oder Königslilien sind weiß. Die farbigen Lilien werden Lilienartige genannt.

Lilien brauchen Gesellschaft

Lilien müssen in nördlichen Regionen in die volle Sonne gepflanzt werden, in südlichen Gegenden jedoch in den Halbschatten. In jedem Fall brauchen sie einen humusreichen und wasserdurchlässigen Boden. Und sie lieben Gesellschaft. Es ist daher besser, sie anfangs in Gruppen von 3 oder 5 Stauden zu pflanzen. Sie vermehren sich schnell. Nach 4 Jahren ist es schon an der Zeit, die Wurzelballen zu verkleinern.

Lilien vermehren

Lilien zu vermehren ist einfach und macht Spaß. Es gibt 3 Möglichkeiten:

❶ Brutzwiebeln säen: An den Blattachseln von manchen Lilien wachsen kleine Brutzwiebeln heran, die Samen ähneln. Sammle sie nach der Blüte ein und säe sie sofort in Blumenerde aus. Achte darauf, dass du sie genau so ausrichtest, wie sie an der Mutterpflanze gewachsen sind. Gieße regelmäßig. Nach einem Jahr pflanzt du sie ins Freiland, wo sie im Sommer ihre Blütenpracht entfalten werden.

Schuppe

Brutzwiebeln

Teilen der Zwiebeln

❷ Einpflanzen von Schuppen: Lilienzwiebeln bestehen aus Schuppen. Aus jeder kann eine neue Zwiebel werden. Du kannst also Schuppen abnehmen und mit der Spitze nach oben in Saaterde pflanzen. Schütze sie vor Frost und gieße regelmäßig. Die Lilie blüht nach 3 Jahren.

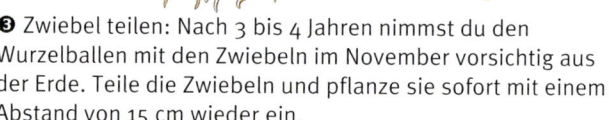

❸ Zwiebel teilen: Nach 3 bis 4 Jahren nimmst du den Wurzelballen mit den Zwiebeln im November vorsichtig aus der Erde. Teile die Zwiebeln und pflanze sie sofort mit einem Abstand von 15 cm wieder ein.

Lilien sind empfindlich

Grabe ein Loch mit 50 cm Durchmesser. Fülle es zur Hälfte mit einer Mischung aus Blumenerde und Kies. Gib dann Gartenerde dazu. Zwischen November und März pflanzt du die Zwiebeln in etwa 15 cm Tiefe ein. Obwohl sie robust aussehen, sind Lilien eher empfindlich. Sie sind anfällig für Krankheiten (Grauschimmelfäule) und müssen geschützt werden. Auch Schnecken werden ihnen gefährlich, wenn sie sich auf die jungen Triebe stürzen. Und die Larven des roten Lilienkäfers verschlingen Blätter und Blüten.

Flecken von Grauschimmel

Achtung: Schnecken im Anmarsch!

Lilienkäfer

Naturformen und Hybridpflanzen

Es gibt etwa 80 Lilienarten, die in der Natur vorkommen und angebaut werden können. Außerdem wurden durch künstliche Bestäubung (Hybridisierung) unendlich viele Unterarten gezüchtet. Die unangenehm riechende Pyrenäenlilie zum Beispiel hat sich ganz natürlich entwickelt. Andere Lilienarten wurden aus zwei Naturformen hybridisiert.

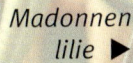

Madonnen-lilie ▶

Tigerlilie ▲

Pyrenäenlilie ▶

Pfingstrosen

Ob Staudenpfingstrosen oder Baumpfingstrosen – beide sind extrem langlebig. In verlassenen Gärten sind sie die letzten, die überleben. Werden sie richtig gepflegt, leben sie normalerweise länger als der Gärtner, der sie gepflanzt hat.

Hunderte von Blüten

Pfingstrosen werden nach 2 oder 3 Jahren schön ... und geradezu prächtig nach mehreren Jahren. Dann blühen sie in verschwenderischer Fülle! An einer krautigen Pfingstrosenstaude können bis zu hundert Blüten wachsen, an einer Baumpfingstrose bis zu dreihundert. Die Blüten, die sich im Frühjahr entfalten, sind einfach oder gefüllt, weiß oder rot, wobei dazwischen alle rosa Farbtöne vorkommen, und manchmal auch gelb. In China werden Pfingstrosen seit Jahrhunderten angebaut und gezüchtet.

Stauden- und Baumpfingstrosen

Pfingstrosen müssen in der Sonne oder im Halbschatten gepflanzt werden und dürfen nicht in feuchtem Boden stehen. Die Erde sollte mit Sand und Kompost oder Mist vermischt werden. Vor allem brauchen sie ausreichend Platz (mindestens 1 m Durchmesser), damit sie sich entfalten können.

Die Veredelungsstelle muss von 3 bis 5 cm Erde bedeckt sein.

etwa 2 bis 3 cm tief einpflanzen

Pfingstrosenstauden werden von September bis November so gepflanzt, dass die »Augen« der Wurzelknollen von etwa 2 bis 3 cm Erde bedeckt sind.

Baumpfingstrosen werden wie Büsche gepflanzt. Die Wurzeln müssen sich ausbreiten können und die Veredelungsstelle muss sich 3 bis 5 cm tief in der Erde befinden.

◄ Duchesse de Morny
Diese sehr frühe Pfingstrose
blüht von März bis April.

Aztec und Sea Shell ▲
Das leuchtende Rot der Aztec-Pfingstrose ergänzt das
blasse Rosa der einfachen Blüten der Sea-Shell-Variante.

Aurora ▲
Einfache japanische Blüte, orangefarben
mit goldener Mitte.

Fiancée ▲
Die großen weißen
Blütenblätter
betonen die gelben
Staubgefäße.

Pfingstrosen sind
anfällig für Krankheiten.
Man muss sie vorbeu-
gend mit Spritzmitteln schützen:
zweimal beim Erscheinen der
Knospen und zweimal zwischen
August und September besprühen.

Aza Grey ▲
Sehr stark gefüllte Blüte, blassrosa bis lachsfarben.

Tulpen

Die Farben- und Formenvielfalt von
Tulpen erfreut den Betrachter immer,
egal, ob sie in größeren einfarbigen
Gruppen, in kleinen Grüppchen von
3 bis 5 Zwiebeln auf einem Beet verteilt
oder aber als Doppelreihe zur
Betonung einer Krümmung gepflanzt
wurden.

Tulpen frösteln nicht

Setze die Zwiebeln
auf Sand.

Gleich im Februar fangen die
Tulpen an zu wachsen.

Pflanze die Tulpenzwiebeln im
Oktober oder November in einer Tiefe
von 7 bis 8 cm in die Erde. Sie fangen
sofort an sich zu regen. Die Wurzeln
wachsen, aber auch die nach oben
orientierten Pflanzenteile, die
vorsichtshalber einige Millimeter
unter der Erdoberfläche innehalten,
beginnen sich zu entwickeln. Schon
im Februar zeigt sich die grüne
Nasenspitze und nichts hindert die
Tulpe mehr daran, zu wachsen.

Trick für Profis

Die dicken Zwiebeln, die du gekauft hast, werden im ersten
Jahr wunderbare Blüten hervorbringen. Die Zwiebeln, die
du im eigenen Garten gezogen hast, lassen sich damit nicht vergleichen.
Weshalb? Weil die Züchter sorgfältig darauf geachtet haben, die
knospende Blüte zu unterdrücken. Dadurch wurde die ganze Kraft der
Pflanze in der Zwiebel gespeichert, die im Jahr darauf eine umso schönere
Blüte entwickeln kann.

Flamming Parrot ▲
Rot-gelbe Papageientulpe,
die im Mai blüht.

Fürs nächste Jahr

Dieses Jahr hast du sehr schöne Tulpen gehabt und am liebsten hättest du im nächsten Jahr wieder eine so schöne Blüte. Schneide die Blütenstängel ab, sobald die Blütenblätter abgefallen sind. Lasse aber die grünen Blätter in Ruhe: Sie ernähren die jungen Zwiebeln, die sich gebildet haben. Wenn die Blätter gelb werden, haben sich die Keimlinge entwickelt. Nun ist der richtige Zeitpunkt, um die Zwiebeln aus der Erde zu nehmen. Du kannst sie aber auch an ihrem Standort belassen. Den Sommer über musst du sie an einem schattigen, trockenen Ort lagern. Weshalb sammelst du sie nicht in einem Netz und hängst sie auf?

Mariette ▲
Lilienförmige dunkelrosa Blüten, die sich im Mai entfalten.

Golden Appeldorn ▲
Goldgelbe Züchtung, die zwischen April und Mai blüht.

Angélique ▲
Spät blühende, gefüllte Tulpe in zartem Rosa. Blüht im Mai.

◀ **Orange Empereur**
Früh blühende Naturform in leuchtendem Orange. Blüht im April.

Chrysanthemen

Diese hübschen Blumen, die ursprünglich aus China und Japan stammen, sind leicht zu kultivieren. Sie sind ein letzter Höhepunkt im Garten, wenn fast alle anderen Pflanzen ihre Blüte bereits beendet haben. Mit ihren unzähligen Farben und Formen bieten sie dem Gärtner eine sehr große Auswahl.

Um eine schöne Blüte zu erzielen, musst du die Pflanzen ab Juni zweimal wöchentlich mit Flüssigdünger gießen. Sobald die Knospen anfangen sich zu färben, hörst du damit auf.

Stecklingsvermehrung

Chrysanthemen müssen an einem geschützten Ort überwintern. Nimm sie aus dem Boden und lagere sie mit dem Erd- und Wurzelballen möglichst unter einem Frühbeetfenster. Im Frühjahr entwickeln sich die Triebe, von denen du die schönsten abnimmst, wenn sie 10 cm lang sind. Pflanze sie in eine Schale mit Stecklingserde. Schon nach 3 Wochen haben sie Wurzeln gebildet. Wenn kein Frost mehr droht, kannst du die Stecklinge in die Sonne pflanzen.

Die Knospenkrone

❶ Zwei Wochen nach dem Einpflanzen zwickst du die Spitze des Hauptstängels ab, sodass er nicht mehr weiterwächst. An jeder Blattachsel wird sich ein Trieb entwickeln. Lasse etwa 6 bis 8 von diesen Seitentrieben stehen und entferne die anderen.

Entferne diese Knospen.

Zwicke den Stängel ab.

❷ Sobald die Blütenknospen gut entwickelt sind, musst du ein zweites Mal Triebe entfernen. Jetzt geht es darum, nur die Knospenkrone, also die größten Knospen am Ende der Stängel, stehen zu lassen.

◀ Zurückgebogene Form

Die Blütenblätter dieser Sorte sind nach hinten gebogen und verleihen den Blüten ein zerzaustes Aussehen.

Japanische Blüte ▼

Die fadenförmigen Blütenblätter dieser zart wirkenden Chrysantheme stehen in mehreren Reihen hintereinander.

Nach innen geklappte Blattform ▲

Die kräftig gefüllten Blüten dieser Sorte bestehen aus nach innen gebogenen und zurückfallenden Blütenblättern.

▲ Winterastern

Weiß, lila oder kupferrot erblühen Winterastern in unseren Gärten.

◀ Pomponförmige Pflanzen

Chrysanthemen mit kleinen gefüllten, pomponartigen Blüten. Hübsch als Strauß oder Kübelpflanze, aber im Garten unscheinbar.

Büsche und Sträucher

Sträucher verleihen dem Garten Charakter. Ein Garten ohne Büsche ist langweilig, fast traurig. Es ist immer möglich, einen oder mehrere zu pflanzen. Als Gärtner musst du allerdings bei der Auswahl vorausschauend sein. Du musst dir immer vorstellen, wie die ausgewachsenen Sträucher nach einigen Jahren in ihrer Umgebung aussehen.

Vorsichtig mit den Wurzeln!

Beim Pflanzen musst du darauf achten, dass die Wurzelspitzen nicht nach oben schauen. Sie müssen direkt in die Erde vordringen können. Fehler beim Einpflanzen können verhängnisvoll sein.

Am Standort einpflanzen

Einen Busch um- oder einzupflanzen ist nicht einfach: Man sollte gut darüber nachdenken, bevor man ihn an seinem endgültigen Standort in die Erde setzt. Er wird von Jahr zu Jahr größer werden. Wird er ausreichend Platz zur Verfügung haben? Besteht die Gefahr, dass er Schatten auf andere Pflanzen wirft, die volle Sonne brauchen? Außerdem stellt sich die Frage, welche Farbe die Blüten und die Blätter im Frühjahr und Herbst haben werden. Fallen die Blätter im Winter ab oder ist der Busch immergrün? Ist er empfindlich und leidet unter Frost? Die Wahl des Standorts will gründlich überlegt sein.

Spierstrauch (1 bis 1,50 m) ▲
Er trägt von Juli bis August flache Blütenstände aus kleinen rosa Blüten. Um die Blütezeit zu verlängern, sollten die verwelkten Blüten abgeschnitten werden.

Rispenhortensie (1 bis 1,50 m) ▲
Sie bringt zwischen Juli und August lange weiße Blütenrispen hervor, die zum Ende der Blüte eine rosa Tönung
annehmen. Sie verträgt keine große Hitze.

Sträucher pflanzen

1. Fall: Der Strauch steht allein. Hebe einen
Monat vor dem Pflanzen ein Viereck mit
80 cm Seitenlänge und 40 cm Tiefe aus.
Mische Kompost, Mist und 100 g Kunstdünger unter die Erde. Lockere den Boden
auf, um ihn durchlässig zu machen.

2. Fall: Der Strauch braucht saure Erde,
so genannte »Heideerde«. Entsorge die
ausgehobene Erde, wenn sie kalkhaltig ist,
vollständig, und fülle das Loch mit Heideerde auf, die du in der Gärtnerei kaufst.

3. Fall: Der Strauch wird mitten in den
kultivierten Garten gepflanzt. In diesem
Fall reicht es, ein dem Wurzelballen oder
Kübel entsprechend großes Loch auszu-
heben. Setze den Strauch hinein, fülle das
Loch mit Erde auf und gieße ausreichend.
Lasse ihm dieselbe Pflege zukommen wie
dem Rest des Gartens.

▲
Japanischer Schneeball
(2 bis 3 m)
Seine horizontal wachsenden
Zweige sind im Mai von leuch-
tend weißen Blüten bedeckt.
Im Herbst färbt sich das Laub
rötlich bis violett.

▲
Blumenhartriegel
(3 bis 4 m)
Seine leuchtend rosaroten
Blüten, die wie Blumen
aussehen und aus Schau-
blättern bestehen, blühen
mehrere Wochen lang. Im
Herbst rötet sich das Laub.
Er braucht Heideerde.

◄ **Japanischer Fächerahorn**
Rundliche Form und fein ge-
zahnte, rote Blätter.

Ein ganz besonderer Blumenstrauß

Ein Blumenstrauß bringt Fröhlichkeit ins Haus. Für dich ist er doppelt schön, wenn er aus deinen selbst gezogenen Blumen zusammengestellt ist. Zuerst freust du dich, wenn die Blumen wachsen, dann, wenn du sie pflückst und in einer Vase anordnest. Eine leichte Sache? Überhaupt nicht! Aber sehr befriedigend, wenn das Werk wirklich gelungen ist.

Eine Vase auswählen

Sehr wichtig ist die richtige Vase. Sie kann ganz schlicht sein, muss aber hinsichtlich der Höhe und Breite dem Strauß, den sie aufnehmen soll, entsprechen. Außerdem müssen Form und Farbe zum geplanten Standort passen. Ein kleiner Trick: Damit die Stiele aufrecht stehen bleiben, kannst du unten in die Vase einen Blumenigel aus Metall legen oder einen Boden aus plastifiziertem Draht.

Wann schneidet man Blumen?

Ein besonders günstiger Moment, um Blumen für Sträuße zu schneiden, ist der Morgen vor Sonnenaufgang, wenn der Tau auf den Blättern liegt. Leider ist das kein praktischer Zeitpunkt, denn eigentlich muss alles schnell gehen, damit du rechtzeitig zur Schule kommst. Am besten ist es also, die Blumen am Abend zu schneiden und sie über Nacht in einem großen Eimer voller Wasser draußen stehen zu lassen. So kann der Strauß auf den nächsten Morgen warten.

Wie schneidet man Blumen?

Natürlich ist es nicht damit getan, ein wenig mit der Schere zu klappern! Nimm einen Eimer und zwei Plastikflaschen, bei denen du das obere, schmale Ende abgeschnitten hast, mit in den Garten. Fülle sie zu zwei Dritteln mit Wasser. Außerdem brauchst du eine Garten- und eine Haushaltsschere. Schneide die Stängel in der gewünschten Länge ab und entferne die unteren Blätter. Tauche die Blumenstiele dann in den Wassereimer, schneide im Wasser noch einmal etwa 1 cm ab und stelle die fertige Schnittblume in eine der Flaschen.

Die Auswahl der Blumen

Du solltest eine Vorstellung von dem Strauß haben, den du zusammenstellen möchtest. Vor allem musst du die Blumen im richtigen Moment abschneiden: Die Knospen sollten weder zu weit aufgeblüht, noch zu fest und klein sein. Stelle dich an den Küchentisch, um den Strauß vorzubereiten. Ordne die Blumen der Größe nach und lege diejenigen mit geradem Stiel in die Mitte. Solche mit seitlich geneigter Blüte kommen an den Rand, wobei die, die nach rechts schauen, auch rechts liegen.

Den Strauß anordnen

Alles ist bereit. Stelle zuerst die größte Blume in die Vase und ordne dann die anderen um sie herum, sodass die Formen und Farben ein gefälliges Ganzes ergeben. Wenn dir das Ergebnis nicht gefällt, solltest du nicht zögern noch einmal von vorne zu beginnen. Vielleicht musst du einige Stiele noch kürzen und dem Strauß mit Blattwerk etwas mehr Fülle verleihen. Und warum nicht einige Gräser oder Wildpflanzen ergänzen?

Kombiniere die Farben.

Richte dir ein Plätzchen her und lasse dir Zeit.

Und außerdem...

Die Gartenarbeit ist ein großes Vergnügen für dich, fast ein Spiel. Aber wenn deine Freunde zu Besuch kommen, interessieren sie sich vermutlich nicht für den Spaten. Zum Glück steht zum Spielen eine Gartenecke zur Verfügung.

Mit Hilfe deiner Eltern hast du einen Unterschlupf und ein Wasserbecken gebaut und vor allem Bänke aufgestellt, auf denen man sitzen und sich unterhalten kann.

Platz zum Spielen

Ideal ist es, wenn der Garten groß genug ist, um
Spielecken einzurichten. Es ist zwar selten möglich,
Ballspiele zu veranstalten, denn Bälle und Pflanzen
im Garten vertragen sich nicht gut. Aber selbst auf
begrenztem Raum gibt es Lösungen, um spielen
zu können.

Eine Bocciabahn

Einer der Wege im Garten könnte als Bocciabahn genutzt werden.
Wennschon, dennschon! Und warum nicht gleich eine richtige
Profi-Bahn daraus machen? Versuche den Weg auf einer Länge
von 20 m und einer Breite von mindestens 3 m vollkommen eben
und wasserdurchlässig herzurichten.

❶ Den Boden 20 cm tief ausheben und eine Schicht Kieselsteine oder Schotter ausbreiten.

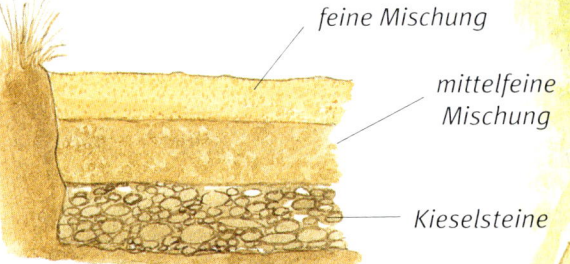

feine Mischung

mittelfeine
Mischung

Kieselsteine

❷ Darüber zunächst eine weitere
Schicht mittelfeines Material und
zum Schluss eine Mischung aus
Erde, Sand und kleinen Steinchen
verteilen.

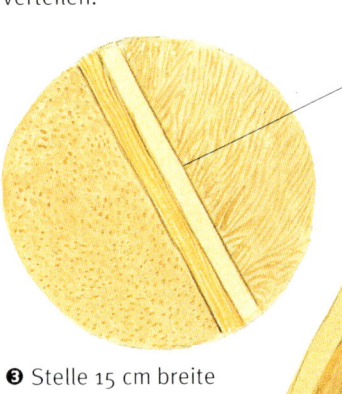

Brett

❸ Stelle 15 cm breite
Bretter hochkant an die
Außenseite der Bahn
und befestige sie
in der Erde.

Eine riesige Kissenrolle

Klein und Groß freuen sich über die Kissenrolle auf der Wiese. Sie dient als Pferd, Eisenbahn oder Nackenstütze zum Lesen. Eine mächtig große Rolle, auf der man sich ausstrecken kann, um den Wolken zuzusehen oder die Sterne zu beobachten. Aber Achtung: Feuchtigkeit mag sie gar nicht, deshalb am Abend immer ins Haus räumen.

❶ Zuerst nähst du die innere Hülle. Schneide ein Rechteck von 3,75 m Länge und 1,75 m Breite zurecht. Nähe das synthetische Gewebe der Länge nach und an einer der kurzen Seiten zusammen. Fülle den Sack mit Styroporperlen, aber nicht bis an den oberen Rand. Nähe das zweite Ende von Hand zu.

Du brauchst:
• Stück Stoff mit 3,75 m Länge und 1,75 m Breite
• Stück synthetisches Gewebe mit denselben Abmessungen
• Styroporperlen
• Dünne Schnur
• 2 Ringe

1,75 m

3,75 m

synthetisches Gewebe

Ring

Rolle

Naht

❷ Nähe auch den Stoff der Umhüllung der Länge nach zusammen und schiebe den mit Styropor gefüllten Sack hinein. Die beiden Enden werden dann mit einer dünnen Schnur zugebunden. Zum besseren Transport wird vorher ein Ring auf die Schnur gefädelt.

Lattenzaun und Bank

Der Zaun um deinen Garten ist bereits fertig. Aber auch andere Einfriedungen können nützlich sein, zum Beispiel, um den Komposthaufen zu verstecken. In jedem Garten sollten auch Bänke nicht fehlen. Eine Bank, um sich nach der Gartenarbeit auszuruhen. Eine Bank zum Träumen, zum Nachdenken, zum Phantasieren. Oder eine Bank, um Besucher zu empfangen.

Ein Zaun Schritt für Schritt

Baue zuerst ein Grundelement, das etwa 1,50 m lang sein sollte. Ausgehend von dieser Grundform kannst du viele Kilometer Zaun errichten!

❶ Säge die Latten auf eine Länge von 75 cm oder 95 cm zu. Säge ein Ende spitz zu. Orientiere dich dabei an den aufgezeichneten Markierungen.

❷ Säge die Querlatten auf die gewünschte Länge, sodass das Grundelement entsteht.

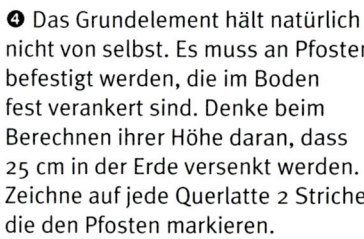

Lutte

Querlatte

95 cm

Latte

❸ Bringe die Latten in einem Abstand von 12 cm vom oberen und unteren Ende an den Querlatten an. Fange mit den äußeren Latten an und befestige sie mit je zwei Schrauben.

❹ Das Grundelement hält natürlich nicht von selbst. Es muss an Pfosten befestigt werden, die im Boden fest verankert sind. Denke beim Berechnen ihrer Höhe daran, dass 25 cm in der Erde versenkt werden. Zeichne auf jede Querlatte 2 Striche, die den Pfosten markieren.

❺ Säge das Holz an den markierten Stellen bis zur Hälfte ein und entferne die obere Holzschicht mit einem Meißel. Die 2 Pfosten werden von hinten in die Einkerbungen eingefügt und mit 4 Schrauben von vorne an den Querlatten angeschraubt. Das fertige Zaunelement stellst du nun am gewünschten Ort auf und malst es an.

Einkerbung

Pfosten

Du brauchst:

- Für den Lattenzaun: 50 Bretter, je 1,5 cm dick
- Für die Querlatten: 2 Bretter, je 2,5 cm dick und 5 cm breit
- Für die Pfosten: 2 Bretter, je 4 cm dick
- Holzschrauben, Werkzeug
- Weiße Farbe

Eine einfache Bank

Eine schlichte Holzbank aus 2 Pfosten und Brettern ist die Minimal-Ausstattung für jeden Garten. Du kannst sie selbst bauen. Vergiss aber nicht, dass sie robust und stabil sein muss. Spare nicht an der Qualität des Holzes und der Dicke der Bretter.

❶ Säge jedes Teil sorgfältig aus.

Du brauchst:

- Für die Sitzfläche: 2 gehobelte und geschliffene Bretter, 2 cm dick und 20 cm breit; empfohlene Länge: 2 m
- Für die Beine: 4 Holzbohlen, 40 cm hoch, die zu Vierecken mit 8 x 8 cm Grundfläche zugeschnitten werden
- 2 Bretter, 40 cm lang und 2 cm dick
- Holzschrauben
- Farbe oder Bootslack

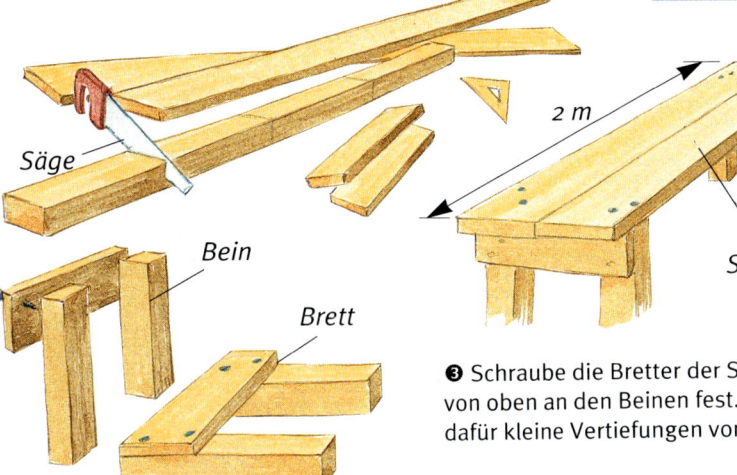

Säge

Bein

Brett

2 m

Sitzfläche

❸ Schraube die Bretter der Sitzfläche von oben an den Beinen fest. Bereite dafür kleine Vertiefungen vor.

❷ Schraube die Beine an ein Brett, dessen Länge der Breite der geplanten Bank entspricht.

❹ Schütze die Bank durch Farbe oder Lack vor Wettereinflüssen.

Mehr Komfort

Eine komfortablere Bank mit Rückenlehne ist natürlich schwieriger zu bauen. Aber du findest überall hübsche Bänke im Fachhandel. Holzbänke sehen schöner aus als Plastikbänke. Eine Bank mit Rückenlehne fällt mehr auf. Sie sollte in einer Ecke des Gartens platziert werden, in der die Familie zur Erholung zusammenkommt. Vielleicht stellt ihr auch einen Tisch dazu. Ihr könnt dort dann essen, spielen oder auch Hausaufgaben machen.

Eine Leiter

Hier siehst du eine Strickleiter. Sie hat als Besonderheit einen dritten Strick. Zusammen mit den drei Sprossen bildet er ein Dreieck und schützt garantiert vor Stürzen.

Eine Strickleiter

Ein langes Seil, Sprossen, Genauigkeit und Geduld: Das ist alles, was du brauchst, um diese Strickleiter zu basteln.

Die Seile

❶ Schneide das Seil in 3 Stücke à 3 m Länge. Um zu vermeiden, dass die Enden der Seilstücke ausfransen, hältst du sie zuerst in eine Kerzenflamme und streichst sie dann mit dem Spachtel auf einem Brett aus.

❷ Mit einem Filzstift bringst du an jedem Seil Markierungen in folgenden Abständen an: 3 cm, 10 cm, 60 cm, 88 cm, 116 cm, 144 cm, 172 cm, 200 cm, 256 cm, 295 cm.

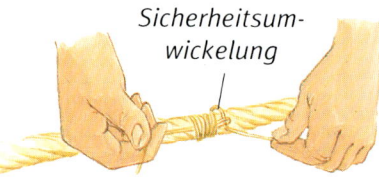
Sicherheitsumwickelung

❸ Umwickle das Seil unterhalb jeder Markierung zwischen 60 und 256 cm mit dem dünneren Faden.

Du brauchst:

- 10 m Seil mit 8 bis 10 mm Durchmesser, das aus 3 Litzen besteht
- Kordel, 0,5 mm Durchmesser
- 24 Sprossen aus Hartholz, 60 cm lang, 2 bis 2,5 cm Durchmesser

Die Sprossen

❶ Mit einer Feile bringst du an jedem Ende der Sprossen (5 cm Abstand) eine 3 bis 5 mm tiefe Kerbe an.

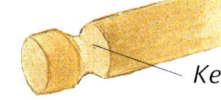
Kerbe

❷ An den Kerben werden die Sprossen mit den Seilen verbunden. Dazu drehst du direkt oberhalb der Sicherheitsumwickelung das Seil etwas auf und schiebst die Sprosse bis zur Kerbe zwischen die Litzen. Verfahre bei allen drei Sprossen genauso.

Sprosse

Seil

Die Befestigung

❶ Der übrige Meter Seil dient zur Befestigung. Lege daraus ein Auge mit 4 cm Durchmesser und lasse 4 cm vom Ende überstehen. Mit einer sehr engen Sicherheitsumwickelung befestigen.

❷ Führe die Enden der 3 Seile durch das Auge, biege sie zurück und befestige jedes ebenfalls mit einer engen Umwickelung. Das überstehende Ende sollte zwischen 3 und 10 cm lang sein.

Auge

Die Strickleiter aufhängen

Die Leiter wird an einem Ast mit einem Seemannsknoten befestigt.

Eine Hängematte

Willst du im Schatten der Bäume lesen oder den Vögeln zuhören? Oder einfach eine Pause einlegen? Dann befestige eine Hängematte im Garten und schaffe dir so ein richtig gemütliches Plätzchen . . .

Eine Stoff-Hängematte

Eine Hängematte ist letztlich nicht viel mehr als ein aufgehängtes Stück Stoff. Die Herstellung, der Transport und das Wegräumen sind völlig unkompliziert.

Den Stoff vorbereiten

❶ Nähe einen Saum an den beiden Längsseiten der Stoffbahn.

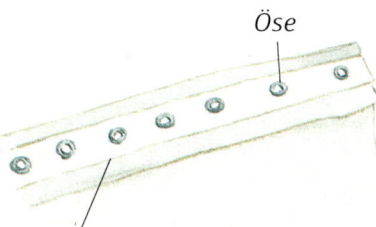

Öse

Band aus Kammgarn

❷ Klappe an den kurzen Seiten den Stoff 12 cm um. Dabei schlägst du ein Band aus Kammgarn ein und nähst den Saum zu. Alle 10 cm bringst du eine Öse an, wobei die erste 5 cm Abstand zum Rand haben sollte.

Die Hängematte befestigen

❶ Nimm 12 m dünne Schnur und ziehe sie durch die Ösen. Danach machst du zuerst am einen Ende der Schnur einen doppelten Knoten, damit sie nicht ausfransen kann. Danach knotest du sie an der äußeren Öse fest, sodass sie nicht hinausrutscht.

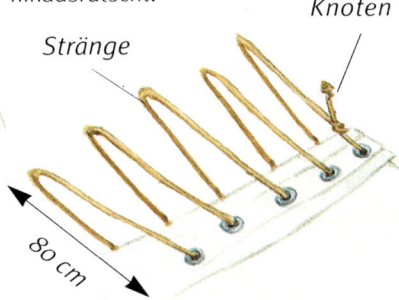

Stränge

Knoten

80 cm

❷ Am anderen Ende des Saumes machst du ebenfalls einen doppelten Knoten, um das Ausfransen zu verhindern und einen Knoten, um die Schnur mit der letzten Öse zu verbinden.

Du brauchst :

- Reißfesten Stoff (2,80 x 1,60 m)
- 24 m dicke Baumwoll- oder dünne Kunststoffschnur
- 1 Knäuel dünnere Baumwollkordel
- Ösen (für die Aufhängung)
- Band aus Kammgarn

❸ Ziehe die Stränge auf eine Länge von 80 cm und lege ein »Auge« mit 10 cm Durchmesser. Befestige es, indem du mit Kordel eine Sicherheitsumwickelung knüpfst. Dadurch entsteht eine Art Knopf.

Auge

Sicherheitsumwickelung

Wasserspiele

Tick, tack, tick, tack . . . Was ist das für eine eigenartige Uhr, deren Ticken man im Garten hört? Das sehen wir uns mal näher an: Es ist eine kleine Bambuskonstruktion, bei der eine Schaukel von fließendem Wasser in Bewegung gehalten wird – eine Wasserwippe. Sie stammt aus Japan und heißt dort *bim-bao*. Ein guter Standort für sie wäre ein Teich, denn diesem kannst du damit die geringe Wassermenge zuführen, die er braucht, um nicht umzukippen.

Du brauchst:
- 1 Bambusstange (1,10 m)
- 2 Bambusstangen (93 cm)
- 1 Pflock mit 1,70 m Länge
- 1 Bambus mit 30 cm Länge
- 1 Eisenstab

Bambusstangen kannst du in der Gärtnerei kaufen.

Das Gleichgewicht halten

Wasserwippen sind heute keine Seltenheit mehr. Vielleicht kannst du irgendwo eine anschauen, bevor du mit Hilfe eines Erwachsenen deine eigene bastelst. Das Wasser läuft auf der einen Seite in das Bambusrohr hinein, bis es fast voll ist. Dann kippt es nach vorne, weil es an einem quer liegenden Eisenstab balanciert. Das Wasser fließt heraus und der Kreislauf beginnt von vorne.

Die Wasserwippe füllt sich.

Die Wasserwippe leert sich.

Bambusgerüst

❶ Nimm die längere Bambusstange (1,10 m) und schneide das eine Ende an einem Ringknoten so ab, dass die Stange verschlossen bleibt. Das andere Ende wird vor dem Ringknoten schräg abgeschnitten. Durchbohre den Bambus in der Mitte, damit er Wasser aufnehmen kann.

schräge Kante

❹ Nun muss die Wasserwippe mit Wasser versorgt werden. Dazu versenkst du den 1,70 m langen Pflock 60 cm tief im Boden. Dann ziehst du einen dünnen Schlauch am Pflock herauf und befestigst ihn daran.

Pflock

Schlauch

Das Plantschbecken

Das Plantschbecken wird ausgehoben. Es soll wasserdicht und vor allem flach sein; es ist kein Schwimmbecken. Vorteilhaft ist, wenn es in der Nähe einer Wasserstelle angelegt wird: einer Quelle, einer Handpumpe oder aber eines Wasserhahns. Aber es muss auch über einen Abfluss verfügen, damit es gelegentlich gereinigt werden kann und überschüssiges Wasser nach dem Regen abfließt.

Ringknoten

❷ Stelle die beiden kürzeren Bambusstangen nebeneinander auf.

❺ Um den Schlauch und den Pflock ein wenig zu verstecken, stellst du dünne Bambusstäbe um sie herum, die ebenfalls in den Boden gebohrt werden.

Bambusstangen

Eisenstab

Bambus im Schnitt

❸ Verbinde alle 3 Bambusstangen mit dem Eisenstab.

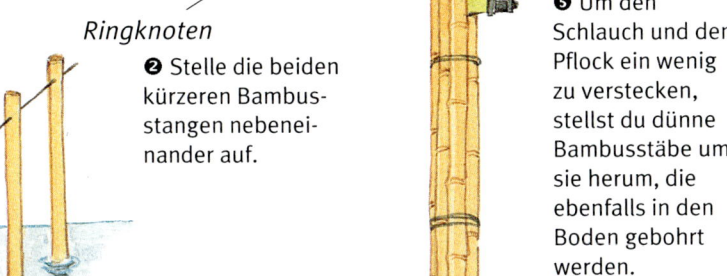

Eine Hütte unter dem Baum

Ganz bestimmt gibt es Bäume oder zumindest einen Baum in deinem Garten. Du könntest ihn dazu nutzen, einen richtigen Unterschlupf, eine kleine Hütte, unter seinem Blätterdach zu bauen.

Du brauchst:
- 8 Bambusstangen (1,50 m)
- 4 Holzstangen mit je 2 m Länge und 1 Stange mit 1,70 m Länge
- 1 Stoffbahn (9,30 x 1,50 m)

Zuerst nähen

❶ Schneide den Stoff auf eine Länge von 5,90 m. In der Mitte nähst du eine Falte von 5 cm ab (für eine der Bambusstangen).

Falten

Dach

1,50 m

Falte am Rand

5,90 m

Schiebe die Bambusstange in den Abnäher.

❷ An den beiden Enden nähst du ebenfalls eine solche Falte ab. Zwischen der mittleren und den äußeren Falten, also mit 1,50 m Abstand vom Rand, nähst du je eine weitere Falte ab. Aus dieser Stoffbahn entstehen das Dach und die 2 Seiten.

Falte

Vorder- und Rückseite

❸ Den Rest des Stoffes schneidest du in zwei Hälften. An den beiden Enden nähst du je eine Falte ab. Das wird die Rückwand und die Tür der Hütte.

Aufstellen

❶ Stelle die 4 Holzstangen an den Eckpunkten eines Vierecks von 1,50 m Seitenlänge auf.
❷ Schiebe die Bambusstangen durch die Abnäher im Stoff. Die 1,70 m lange Stange bildet den Dachfirst.
❸ An den Enden der Abnäher, in denen sich die Bambusstangen befinden, nähst du Bändel. Diese bindest du an die Holzstangen.

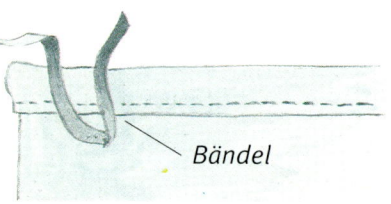

Bändel

❹ Hänge die mittlere Bambusstange an beiden Enden an einen Ast, sodass sie das Dach halten kann.

Ein alter Baumstumpf

Das ist alles, was von einem großen Baum übrig bleibt, den man einmal gefällt und zerkleinert hat. Soll man ihn verbrennen? Lieber nicht. Legt ihn doch in eine Ecke des Gartens, sodass die Kleinen auf ihm herumklettern können. Kinder lieben Baumruinen, und das mit Recht. Ob es gefährlich ist? Eigentlich nicht, wenn man bestimmte Vorsichtsmaßnahmen ergreift.
❶ Die alte Rinde haftet meist nicht mehr gut am Holz, sondern kann sich jeden Moment lösen. Deshalb sollte man sie rechtzeitig entfernen.
❷ An Wurzeln, die nach allen Seiten abstehen, kann man sich leicht verletzen. Entfernt sie nah am Stamm und schleift die Schnittstellen ein wenig glatt.
❸ Achtet vor allem darauf, dass der Stumpf fest auf dem Boden aufliegt und nicht wackelt.

Ein Pavillon

Dieses kleine Häuschen ist leicht nachzubauen. Es ist einfach zusammenzusetzen und kann daher überall aufgebaut werden. Man kriecht auf allen vieren hinein, entweder allein oder zu zweit. Es leidet weder unter der Hitze, noch unter Regenschauern. Und wenn es im Winter nicht mehr draußen gebraucht wird, findet es vielleicht ein Plätzchen in deinem Zimmer. Zumindest unter dem Bett, wenn es in Einzelteile zerlegt wurde.

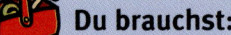 **Du brauchst:**

- 2 Sperrholzplatten für den Bootsbau mit 1 x 2 m Seitenrand, je 1 cm dick
- 24 Dübel und 24 Schrauben
- 2 Scharniere mit 18 cm Länge für das Dach; 1 Scharnier mit 25 cm Länge für die Tür

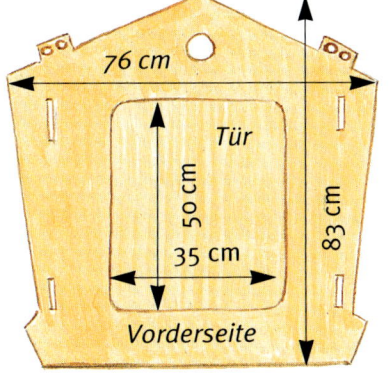

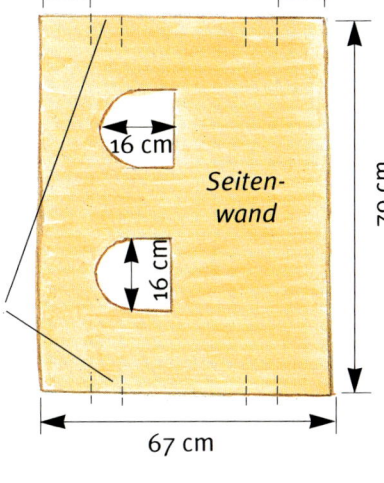

Seiten-wand

Befestigungsstelle für die Winkelstücke

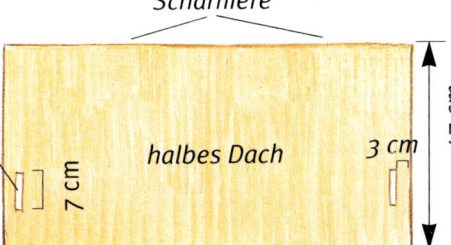

Scharniere

halbes Dach

Das Sperrholz zusägen

Es ist unverzichtbar, Sperrholz für den Bootsbau zu verwenden, weil nur dieses den Witterungs-einflüssen standhält. Es wird in Form großer Platten verkauft. Sie müssen dem hier abgebildeten Plan entsprechend zugesägt werden. Vielleicht könnt ihr sie gleich im Fachgeschäft für Handwerkerbedarf zuschneiden lassen. Auch 12 Winkelstücke in einer Größe von 7 x 15 cm müssen vorbereitet werden. Einen Pavillon zu bauen ist eine Aufgabe für Erwachsene mit etwas Geschick.

Rückseite

Schlitze

Tricks für die Montage

Der Trick bei dieser Konstruktion ist das System aus Kerben und Win-kelstücken, die die 4 Seitenwände und das Dach zusammenhalten.

❶ Bohre 10 bis 15 mm vom Rand weg 2 Löcher in die Winkelstücke. Klebe dann die Winkelstücke von innen an die Plat-ten, die als Seitenwände dienen. Schrau-be sie fest.

❸ Säge mit der Stichsäge die Fenster und die Tür sowie den Türgriff aus.

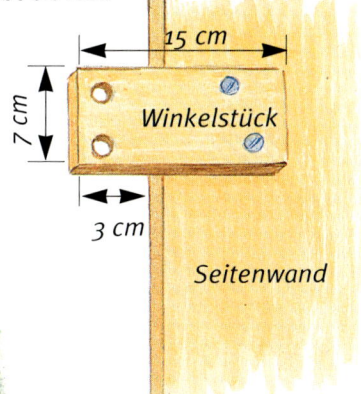

Winkelstück

Seitenwand

❷ In die Vorder- und Rückseite der Hütte ebenso wie in das Dach müssen schmale Schlitze geschnitten werden. Das ist der schwierigste Teil der Montage.

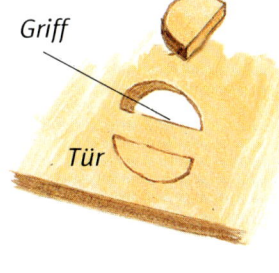

Griff

Tür

Scharnier

❹ Befestige die Scharniere mit Schrauben am Dach und an der Tür.

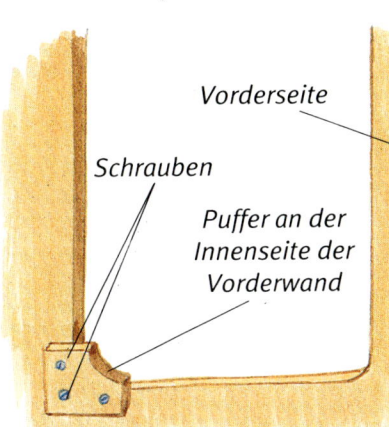

Vorderseite

Schrauben

Puffer an der Innenseite der Vorderwand

❺ Schraube am unteren Rand der Türöffnung einen Puffer an, damit die Tür nicht ins Innere des Häuschens schwingt.

❻ Baue den Pavillon zusammen, indem du die Winkelstücke in die entsprechenden Schlitze schiebst. Die Löcher in den Winkelstücken müssen mit 9er Dübeln versehen werden, um mehr Stabilität zu erzielen.

Das Versteck

Hier handelt es sich nicht um eine Hütte, sondern vielmehr um einen Unterschlupf ohne festes Dach und mit Seitenwänden aus Kletterpflanzen. Er liegt etwas abgelegen vom Haus und grenzt an die Felder oder den Wald an. Hier treffen sich unternehmungslustige Kinder mit Forscherdrang.

Du brauchst:
- 2 Stangen, je 1,70 m lang, 4 cm breit und 4 cm dick
- 4 Pfosten von 2,40 m Höhe
- 2 Balken für das Dach, je 2,50 m lang
- 4 Schraubenbolzen, je 8 cm lang
- Zement
- Eisendraht

Bau des Unterschlupfes

❶ Zunächst markierst du auf dem Boden ein Rechteck mit einer Grundfläche von 2,50 x 1,50 m. Hebe in jeder Ecke ein 40 cm tiefes Loch aus, um die Pfosten darin zu verankern.

❷ Säge die Pfostenenden in der Mitte ein. Mit dem Meißel hebelst du das überflüssige Holzstück heraus. Bohre ein Loch in die abgeflachte Seite.

Loch

Loch

Einkerbung auf die Hälfte

❸ Stelle die Pfosten nacheinander in die Löcher. Bringe sie mit Kieselsteinen ins Lot und fülle die Löcher mit Mörtel auf. Fest verankern, damit der Pfosten in der Senkrechten bleibt. 24 Stunden trocknen lassen.

Verbindung durch Überblattung

Aussparung auf die Hälfte

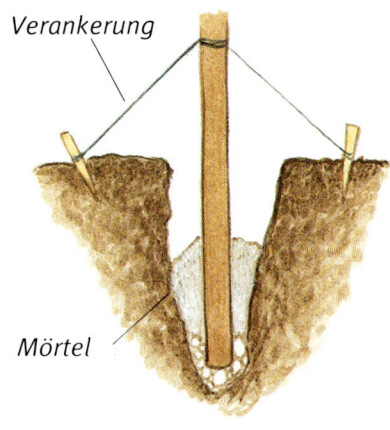

Verankerung

Mörtel

❹ Schneide die 2 Balken des »Daches« auf die richtige Länge zu. Bringe 10 cm vom Ende entfernt in der Mitte der Balken ebenfalls eine Einkerbung an. Schiebe durch das vorgebohrte Loch im Pfosten einen Schraubenbolzen und verschraube diesen mit den Balken.

❺ Auch die zwei Stangen kerbst du in der Mitte mit einem Abstand von 10 cm zum Stangenende ein. Lege sie dann im rechten Winkel auf und stelle so das Dach fertig. Gut anschrauben. Für den Rest des Daches legst du entweder im Abstand von 50 cm weitere Stangen auf oder du verbindest die beiden Balken mit Eisendraht.

❻ Nun musst du nur noch Kletterpflanzen setzen, die langsam über die Konstruktion wuchern und ein Blätterdach bilden. Geißblatt, Wilder Wein und Efeu wachsen sehr schnell. Wenn es etwas dichter werden soll, kommen auch Passionsblumen oder Glyzinen in Frage.

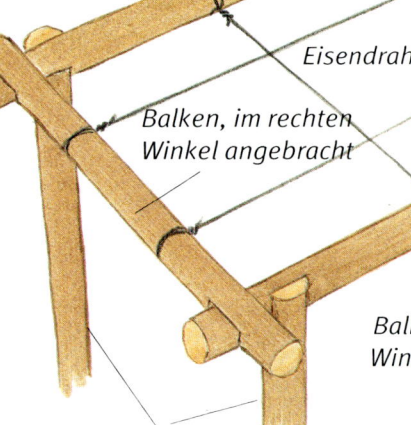

Eisendraht

Balken, im rechten Winkel angebracht

Balken, im rechten Winkel angebracht

Pfosten

Ein Schloss

Jedes Kind träumt davon: Im eigenen Reich alleine sein, sich zurückziehen, Freunde einladen, Musik machen, lesen, träumen . . . oder sogar arbeiten. In Wirklichkeit ist das Schloss im Garten ein Gartenhaus.

Klein oder groß?

Ein Gartenhaus ist teuer in der Anschaffung. Je nachdem, welche Möglichkeiten deine Eltern haben, wird es größer oder kleiner ausfallen. Aber schon 4 bis 6 m² sind nicht übel. Vielleicht kannst du deine Eltern vom Kauf überzeugen, wenn du ihnen sagst, dass das Geld nicht verloren ist. Denn wenn du größer bist und es nicht mehr nutzt, können sie es als Geräteschuppen verwenden. Bestimmt wirst du selbst bei seinem Anblick immer gerne an den Lieblingsort deiner Kindheit zurückdenken.

Das Gartenhaus dekorieren

Du hattest Herzklopfen, als ihr es gekauft habt, und warst noch aufgeregter, als es aufgebaut wurde. Dabei hast du natürlich geholfen. Nun hast du die Schlüssel in der Hand. Womit anfangen? Mach aus dem Gartenhaus dein Traumschloss . . .

Richte es mit Tisch, Stühlen und Kissen ein.

Hänge ruhig Vorhänge auf und an die Wände Bilder oder Zeichnungen. Draußen stellst du Kletterpflanzen in Kübeln auf.

Das ist noch nicht alles

Als Schlossherr bist du für den guten Zustand deines Landsitzes verantwortlich. Du räumst auf und sorgst für Sauberkeit. Du kontrollierst beim Hinausgehen, ob Türen und Fenster gut verschlossen sind (Türen, die klappern, gehen schneller kaputt) und dass keine Möbel draußen vergessen wurden. Außerdem bist du auch für die Umgebung zuständig. Du lädst deine Eltern zum Besuch ein. Und wenn du Freunde empfängst, bleib bescheiden. Nicht jeder hat so viel Glück wie du und besitzt ein eigenes Gartenhaus.

Wenn du gerade in der Nähe bist...

Vielleicht verlässt du deinen Garten mal für einige Tage oder fährst in den Ferien weg? Dann hast du Gelegenheit, andere Gärten zu besuchen. Unter den vielen hundert Gärten, die für Besucher zugänglich sind, haben wir einige ausgesucht, die eine kleine Reise wert sind und für die man sich gerne etwas Zeit nimmt.

Deutschsprachiger Raum

Blumeninsel Mainau

Die Insel Mainau ist ca. 45 ha groß und die kleinste der Bodensee-Inseln. Die Insel ist ein einziger riesiger Park voller farbenprächtiger Pflanzen. Sogar Bananen und Feigen wachsen hier. Besonders interessant sind das Schmetterlingshaus und die ständig wechselnden Ausstellungen. Gleich im Eingangsbereich begrüßen Tiere aus Blumen die Besucher. Die Insel Mainau gehört zu den bekanntesten Parks der Welt.
Sie liegt unweit der Bodenseemetropole Konstanz und ist ganzjährig geöffnet. Tel.: +49/7531/3030.

Hofgarten der Eremitage Bayreuth

1715 ließ Markgraf Georg Wilhelm das Alte Schloss mit Gartenanlagen und Kaskaden errichten. In den letzten 30 Jahren wurden einzelne im 19. Jahrhundert verloren gegangene Parkteile wiederhergestellt.
Der Park ist ganzjährig geöffnet. Tel.: +49/921/7596937.

Schlosspark Schönbrunn

Das Schloss Schönbrunn ist eines der bedeutendsten Kulturgüter Österreichs und seit den 60er Jahren des 19. Jahrhunderts eine der wichtigsten Sehenswürdigkeiten Wiens. Es wurde zum Weltkulturerbe erklärt. Auch der Tiergarten Schönbrunn, der älteste Zoo der Welt, ein Palmen- und Schmetterlingshaus befinden sich im Park.
Der Park gehört zur Stadt Wien und ist jeden Tag geöffnet. Tel.: +43/1/87750870.

Schlosspark Nymphenburg

Der botanische Garten von Nymphenburg wurde in der Zeit von 1909 bis 1914 angelegt. Er weist einen alten Baumbestand, schöne Wege und Gewächshäuser mit Palmen, Kakteen und weiteren tropischen Pflanzen auf. Ein künstlich angelegter Berg ist mit verschiedensten Gebirgspflanzen bepflanzt. Ein malerischer See mit Fischen, Schildkröten und Wasserpflanzen lädt zum Verweilen ein.
Der Park gehört zur Stadt München und ist jeden Tag geöffnet. Tel: +49/89/179080.

Schlosspark Ludwigslust

Der mit 120 ha Fläche größte Landschaftspark Mecklenburgs lädt zu ausgedehnten Spaziergängen ein. Er bietet Ausblicke über weite Wiesen, Wasserflächen und eine Vielzahl von alten und seltenen Bäumen und Ziersträuchern wie Sumpfzypressen, Urweltmammutbaum oder Magnolien.
Ludwigslust liegt 35 km südlich von Schwerin und ist ganzjährig geöffnet. Tel.: +49/3874/526251.

Fürst-Pückler-Park Muskau

Der Fluss Neiße teilt den Muskauer Park in zwei Hälften. 300 ha liegen auf der deutschen Seite bei Bad Muskau, 700 ha auf der polnischen bei Leknica. Eine Doppelbrücke soll künftig beide Parkhälften wieder verbinden.
Der Park ist ganzjährig geöffnet und frei zugänglich. Tel.: +49/35771/52016

Schlosspark Branitz

Hermann Fürst von Pückler galt zu Lebzeiten als Exzentriker. Die Nachwelt verdankt ihm unter anderem die Gartenanlage um den Stammsitz seiner Familie in Branitz, der als Gesamtkunstwerk gilt und zu jeder Jahreszeit eine Reise wert ist. Besondere Berühmtheit haben seine Pyramiden erlangt, die auch im Park zu bewundern sind.
Der Park gehört zur Stadt Cottbus und ist im Sommer täglich von 10 bis 18 Uhr geöffnet, im Winter von Dienstag bis Sonntag zwischen 11 und 17 Uhr. Tel.: +49/355/7515224.

Schlosspark Charlottenburg

Er ist der erste Barockgarten, der nach französischem Muster in Deutschland angelegt wurde. Im hinteren Teil findet man Liegewiesen, Teiche und Wassergräben, einen schönen Spielplatz und eine Rodelbahn. Der Park ist in der Regel bis Einbruch der Dunkelheit geöffnet.

> Vergiss nicht ein Notizbuch mitzunehmen, in dem du nützliche Anregungen aufschreiben kannst. Wieder zu Hause kannst du im Kleinen nachstellen, was du gesehen hast. Versuche auch mit einem der Gärtner ins Gespräch zu kommen. Vielleicht hat er einige Tipps und Tricks für dich.

Englischer Garten München

Seit 1789 besitzt München seinen Englischen Garten, der eine Oase der Ruhe und Erholung im Herzen der Großstadt ist. Bis heute hat sich der Englische Garten seine naturbelassene Schönheit und romantische Wildheit bewahrt. Auf den vielen sich kreuzenden Wegen begegnet man Erholungssuchenden aller Art. Der Kleinhesseloher See, im Herzen des Parks, bietet mit seinen drei Inseln, dem Seehaus, dem Tretbootverleih den idealen Platz zum Abschalten, Entspannen und Entenfüttern. Der Park ist ganzjährig frei zugänglich.

Holzhausenpark

Ein grünes Kleinod im Nordend in Frankfurt am Main ist der Holzhausenpark mit dem urigen Holzhausenschlösschen.
Der Park ist ganzjährig frei zugänglich.

Bethmannpark

Durch dicke Mauern vom hektischen Großstadtverkehr abgeschirmt, liegt diese Oase der Ruhe auf dem ehemaligen Gartengelände der Bankiersfamilie Bethmann in Frankfurt am Main. Mit seiner vielfältigen Blütenpracht und den üppigen Blumenbeeten gleicht der Bethmannpark einem kleinen Kurpark. Ein Schmuckstück ist der chinesische Garten mit Teich, kleiner Brücke und einem drachengeschmückten Stufenportal.
Der Garten ist in der Regel bis zum Einbruch der Dunkelheit geöffnet. Es werden Führungen angeboten.
Tel.: +49/69/212434201.

Günthersburgpark

Das Gelände des ehemaligen Landsitzes der Familie Rothschild in Frankfurt am Main lädt mit seinem alten Baumbestand und den freien Wiesenflächen zum Entspannen ein. Die Wasserspiele im Sommer und das alljährlich zu Beginn der Schulferien stattfindende Kinderfest ziehen viele Besucher an. Neueste Attraktion ist die rund zehn Meter hohe Kletteranlage.
Der Park ist ganzjährig frei zugänglich.

Staatspark Karlsaue

Der Park liegt vor den Toren der Stadt Kassel. Die barocke Anlage erstreckt sich malerisch zwischen zwei Armen der Fulda. Wie viele andere barocke Gartenkunstwerke wurde die Karlsaue seit dem Ende des 18. Jahrhundert zum Landschaftspark umgestaltet. Ihr südlicher Endpunkt, die Blumeninsel Siebenbergen, ist heute noch weitgehend so erhalten, wie sie in der Zeit von 1832 bis 1864 angelegt wurde. Sie ist von April bis Oktober täglich von 10 bis 19 Uhr geöffnet.
Tel.: +49/561/18809.

Botanischer Garten Berlin

Dieses Berliner Pflanzenparadies blickt auf eine über 300-jährige Tradition zurück. Heute umfasst der Botanische Garten Berlin-Dahlem eine Fläche von über 43 ha, beherbergt rund 22.000 verschiedene Pflanzen und gehört somit zu den größten und bedeutendsten botanischen Gärten der Welt. In den 6.000 m² umfassenden Gewächshäusern kann man sich auf eine botanische Reise rund um den Globus begeben. Zudem gibt es eine Sammlung dauerhaft präparierter Pflanzen und eine gut ausgestattete Bibliothek. Der Garten ist im Sommer von 9 bis 18 Uhr, im Winter von 9 bis 16 Uhr geöffnet.
Tel.: +49/30/83850027.

Botanischer Garten Wien

Wie viele andere botanische Gärten Europas wurde auch dieser der Universität Wien ursprünglich als Medizingarten angelegt. Heute bietet er einen umfassenden Einblick in die Pflanzenwelt. Sehr informativ sind die stattfindenden Führungen und Vorträge. Der Garten ist vom 16. März bis zum 3. November täglich geöffnet.
Tel.: +43/1/427754100.

Alter Botanischer Garten Zürich

Der Alte Botanische Garten ist eine grüne Oase in der Innenstadt Zürichs. Hier befindet sich das alte Palmenhaus und auf dem höchsten Punkt des Parks liegt der mittelalterliche Kräutergarten. Über 50 altbekannte Heilpflanzen werden vorgestellt und geben einen Einblick in das Heilpflanzenwissen des 16. Jahrhunderts.
Der Garten ist von März bis September täglich von 7 bis 18 Uhr und von Oltober bis Januar von 8 bis 17 Uhr geöffnet.
Tel.: +41/1/6348461.

Monaco

Der Botanische Garten von Monaco

Hier befindet man sich im Reich der Kakteen und hat einen einmaligen Blick auf das Mittelmeer. Der Ort bietet ein traumhaftes Ambiente, zu dem nicht nur ein sehr steiler und für die Besucher äußerst interessant gestalteter Felsabhang beitragen, sondern auch botanische Sammlungen und Kuriositäten. Kakteen im engeren Sinne und Dickblattgewächse – so genannte Sukkulenten – aus tropischen Ländern wie Afrika und Lateinamerika wurden hier angesiedelt. Das für die Côte d'Azur typische Mikroklima ermöglicht es, dass diese Pflanzen sich fast so entwickeln wie in ihren Ursprungsländern. Der Garten gehört zum Fürstentum Monaco und hat jeden Tag geöffnet. Tel.: +33/4/93303365.

Frankreich

Alpiner Garten von Lautaret

Dieser Garten entstand vor 100 Jahren und ist mit einer Höhe von 2.000 m der höchstgelegene Park Europas. Er beherbergt Pflanzen aus allen Gebirgsregionen der Welt. Für einen Besuch eignet sich besonders die kurze Zeit der Blüte, in der sich die Landschaft wundersam verwandelt.
Der Park liegt bei Monêtier-les-bains. Tel.: +33/4/92244162.

Gemüsegarten von Miromesnil

Der von Backsteinmauern umgebene Garten liegt ganz in der Nähe eines klassischen Schlosses. Die regelmäßigen Gemüsereihen sind durch Rasenwege getrennt und bilden mit den in unzähligen Farben leuchtenden Blumenrabatten ein wunderbares Bild.
Der Garten liegt in Tourville-sur-Arques, 8 km südlich von Dieppe, und hat zwischen dem 1. Mai und 15. Oktober jeden Tag geöffnet. Tel.: +33/2/35044030.

Vaux-le-Vicomte

Dieser Garten gehört zu den schönsten klassischen Gartenanlagen der Welt und wurde im 17. Jahrhundert vom Gartenarchitekten Le Nôtre entworfen. Er gehört zur Gemeinde Maincy und liegt 50 km südöstlich von Paris. Er ist jeden Tag geöffnet. Tel.: +33/3/60669709.

Schlosspark von Versailles

Versailles ist eine eigene kleine Welt abseits des Trubels der Großstadt Paris. Die beeindruckende Anlage aus Beeten, Blumenrabatten und Wasserspielen wurde zum Ruhme des Sonnenkönigs Ludwig XIV. gebaut.
Der Park ist jeden Tag geöffnet. Tel: +33/1/30847400.

Der Garten von Claude Monet

Der berühmte Maler Claude Monet hat diesen Garten eigenhändig erschaffen und bepflanzt. Er kombinierte Zwiebelpflanzen, einjährige, zweijährige und mehrjährige Pflanzen sowie Kletterpflanzen so geschickt, dass das Farbenspiel im Garten zu allen Jahreszeiten eine Augenweide ist. Monets Garten gehört zur Gemeinde Giverny und liegt 3 km entfernt von Vernon. Er ist zwischen April und Oktober jeden Tag außer Montag geöffnet. Tel.: +33/2/32512821.

Der Schlosspark von Villandry

Der Schlosspark ist für seine dekorativen Gemüsegärten berühmt. Aber auch der Rest des Parks mit den Blumenterrassen, Wasserbecken und Gittern ist wunderschön.

Um den Zauber des Ortes wirken zu lassen, sollte man unbedingt einen Spaziergang auf den schattigen Alleen einplanen.
Der Park gehört zu Villandry und liegt 15 km westlich von Tours am Ufer des Flusses Cher. Er ist jeden Tag geöffnet. Tel.: +33/2/40419855.

England

Hampton Court Palace

Das Schloss von Heinrich VIII. am Ufer des Flusses Tamise ist von prachtvollen und sehr abwechslungsreich gestalteten Gärten umgeben, zu denen ein berühmtes Labyrinth gehört. Im Juli findet eine Blumenausstellung statt. Die Parkanlage liegt im Süden von London und ist jeden Tag geöffnet. Tel.: +44/870/7527777

Heligan Gardens

Diese besonders gepflegte Anlage besteht aus sehr unterschiedlichen und unlängst restaurierten Gärten. Man findet unter anderem einen Steingarten, einen italienischen Garten und sogar einen exotischen »Dschungel« aus tropischen Pflanzen. Der Park gehört zu Pentewan in Cornwall und ist jeden Tag geöffnet. Tel.: +44/1726/845100

Holland

Der Park von Keukenhof

Er liegt im Zentrum der traditionsreichen Blumenhandelsregion in Holland zwischen Amsterdam und Den Haag und ist in gewisser Hinsicht deren Schaufenster. Jedes Jahr kommt fast eine Million Besucher hierher. Natürlich ist besonders das Farbenmeer der blühenden Zwiebelpflanzen im Frühjahr beeindruckend. Vor allem die Tulpen sind berühmt, aber auch die Hyazinthen und Narzissen, die mitten in der Rasenfläche richtige Felder bilden. Für einen Gartenfreund ist das ein wahrer Höhepunkt, ein unvergessliches Erlebnis! Geöffnet vom 22. März bis 24. ;ai. Tel.: +31/252/465564

Italien

Villa d'Este

Diese im 16. Jahrhundert errichtete Villa ist vor allem durch ihre Gärten berühmt geworden, die sich unterhalb des Gebäudes ausdehnen. Wasserbecken und Springbrunnen säumen die Wege. Die Villa gehört zu Tivoli und liegt 30 km östlich von Rom. Sie ist jeden Tag geöffnet.

Glossar

Hier findest du Erklärungen für Wörter, die du (vielleicht) nicht verstanden hast.

Ableger

Stängel, die aus den Pflanzen wachsen und an ihren Enden neue kleine Pflanzen hervorbringen, die so für die Verbreitung sorgen.

Abzwicken

Mit den Fingernägeln die Spitze der jungen Zweige entfernen, um eine Verzweigung der Pflanze zu begünstigen.

Auge

Junge Knospe, die an den Zweigen von Obstbäumen und Zierpflanzen wächst. Aus den Augen entwickeln sich die Blütenknospen oder das junge Holz.

Ausläufer

Wenn ein Pflanzenteil Wurzeln bildet, ohne dass er zuvor von der Mutterpflanze getrennt worden wäre.

Blüte, weibliche und männliche

Pflanzen können Blüten unterschiedlichen Geschlechts haben: Die männlichen Blüten tragen die Staubgefäße, während die weiblichen Blüten den Stempel aufweisen. Viele Pflanzen bringen zweigeschlechtliche Blüten hervor, die beide Elemente enthalten.

Blütenstand

Blütenknospen an der Spitze eines Zweiges.

Blumenerde

Erde, die durch die Zersetzung organischer Substanzen (Blätter, Mist usw.) entsteht.

 1 Gartenschere: **einfach**

 2 Gartenscheren: **nicht allzu schwierig**

 3 Gartenscheren: **anspruchsvoll**

Blumenerde zum Umtopfen

Spezielle, sehr feine Erde, die sehr wasserdurchlässig und porös ist und sich daher gut zum Ein- und Umtopfen eignet.

Botanik

Dieses Fachgebiet der Biologie beschäftigt sich mit allen Aspekten pflanzlichen Lebens.

Chlorophyll

Chlorophyll ist eine Substanz, die in den Zellen der grünen Blätter enthalten ist und die Fotosynthese ermöglicht.

Drainage

Dadurch wird das Abfließen von überschüssigem Wasser in der Erde begünstigt.

Durchlässige Erde

Sie lässt überschüssige Feuchtigkeit gut abfließen.

Einjährige Pflanzen

Pflanzen, die im Laufe eines Jahres keimen, blühen, Samen hervorbringen und wieder absterben.

Erosion

Die Zerstörungsarbeit von Wasser, Eis und Wind an der Erdoberfläche.

Exkremente

Ausscheidungen (Kot und Harn) von Lebewesen, die viele für Pflanzen wichtige Nährstoffe enthalten. Die Exkremente von Tieren werden zusammen mit dem Stroh aus dem Stall als Mist zur Düngung und Auflockerung des Bodens verwendet. Besonders beliebt ist Pferdemist.

Flüssigdünger
Flüssiger Kunstdünger, der ins Gießwasser gegeben wird.

Fotosynthese
Natürlicher Vorgang, bei dem die Lichtenergie vom Chlorophyll der Pflanze genutzt wird, um den Pflanzensaft chemisch zu verändern.

Heideerde
Ursprünglich Erde, die durch die Zersetzung von Heidepflanzen entstand. Heute meist kalkarmer Torf, der mit Sand vermischt wurde.

Hügelbeete
Hügelbeete entstehen zwischen zwei Furchen, indem die Erde etwas angehäufelt wird.

Humus
Er entsteht wie Kompost durch die Zersetzung organischer Substanzen. Die meisten in ihm enthaltenen Mineralien können von Pflanzen sofort aufgenommen werden.

Hybriden
Wenn zwei Pflanzen verschiedener Arten miteinander gekreuzt werden, entstehen Hybriden.

Hybridisierung
Ein Vorgang, der darauf abzielt, durch Kreuzung neue Pflanzensorten zu schaffen.

Immergrüne Pflanzen
Sie behalten ihre Blätter das ganze Jahr über und verlieren nur geringe Mengen an Laub.

Keim
Die im Samen enthaltene Keimzelle, aus der die Pflanze entsteht.

Keimling
Junge, aus einem Samenkorn hervorgegangene Pflanze, bevor sie zwei echte Blätter hat und aus eigener Kraft überleben kann.

Keimung
Die Entwicklung eines Samens, aus dem zunächst eine kleine Wurzel und dann ein Stängel wächst.

Kletterpflanzen
Pflanzen, die in die Höhe wachsen, indem sie sich mit Hilfe von Ranken oder Haftscheiben festhalten.

Knollen
Dicke Stängel und Wurzeln, die Nährstoffreserven speichern.

Kompost
Kompost entsteht durch die Zersetzung von Pflanzen. Er enthält kleine Mengen Nährstoffe.

Krautige Pflanzen
Pflanzen, die keinen holzigen Stamm oder Stängel bilden.

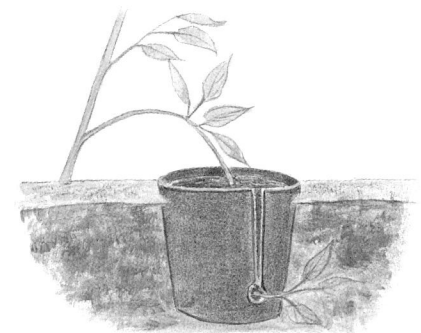

Kupferkalkbrühe
Eine Mischung aus Kupfersulfat und Kalkbrühe. Sie wird vorwiegend zum Schutz vor Mehltau gespritzt.

Mehltau
Pflanzenkrankheit, bei der Blätter, Blüten und Früchte von einem weißen Filz bedeckt sind.

Mikroorganismen
Kleinstlebewesen, die nur unter einem Mikroskop sichtbar sind.

Mineralsalze
Mineralische Substanzen, die in kleinsten Mengen für das Wachstum aller Lebewesen unabkömmlich sind.

Mist, getrockneter
Mischung aus getrockneten Tierexkrementen und Streu, die als Granulat in Säcken verkauft wird.

Nitrat
Chemische Substanz, die das Element Stickstoff (N) enthält. Nitrate fördern das Wachstum der Blätter.

Organischer Dünger
Er entsteht durch die natürliche Zersetzung von pflanzlichen Substanzen und enthält ebenfalls Stickstoff, Phosphor und Kalium.

Pfropfen
Das Pfropfen ist eine der beliebtesten Methoden, Pflanzen zu veredeln. Dazu werden Äste der einen Pflanze, die als Unterlage dient, gerade abgesägt. Der Aststumpf wird bis zu einer Tiefe gespalten, die dem Durchmesser des Pfropfreises entspricht, der einer anderen Pflanze entnommen wurde. Ein Keil hält den Spalt offen, dann werden zwei Pfropfreiser mit mehreren Augen in die Seiten des Spaltes gesteckt. Der Keil wird entfernt und der Schnitt mit Baumwachs abgedeckt. War die Pfropfung erfolgreich, sind Reis und Unterlage nach einigen Wochen zusammengewachsen.

Phosphat
Chemische Substanz, die Phosphor (P) enthält und die Blütenbildung und Fruchtentwicklung begünstigt.

Pikieren
Dabei wird ein Teil der Früchte eines Baumes oder ein Teil einer Aussaat entfernt.

Pottasche
Chemische Substanz, die Kalium (K) enthält und für das Wachstum der Pflanzen wichtig ist.

Rhizom
Unterirdischer oder an der Erdoberfläche verbleibender Pflanzenteil, der einer Wurzel ähnelt.

Robust
Robust nennt man Pflanzen, die klimatische Veränderungen gut vertragen.

Schösslinge
Austriebe, die am Stamm bestimmter Pflanzen entstehen und der Vermehrung dienen.

Scholle
Kleiner fester Erdklumpen.

Sommergrüne Bäume
Bäume, die jedes Jahr ihre Blätter verlieren.

Spalier
Meist werden Obstbäume an Mauern oder an Eisendrähten als Spalierbäume gezogen.

Staudenpflanzen
Krautige Pflanzen, deren Stängel jeden Winter absterben, aber im Frühjahr wieder neu wachsen.

Stecklingsvermehrung
Wenn bei einer Pflanze ein Teil des Stängels oder der Wurzel entnommen wird, um eine neue Pflanze mit eigenen Wurzeln zu ziehen, so nennt man diese Pflanzenteile Stecklinge.

Sträucher
Holzige Pflanzen, die keinen Stamm haben und sich bereits an der Basis verzweigen.

Torfmoos
Torf, der von einem in Sümpfen angesiedelten Moos gebildet wird.

Trampelpfad
Vorläufiger Pfad, der zu den Beeten führt.

Umtopfen
Eine Pflanze von einem Topf in einen größeren setzen, um sie mit neuen Nährstoffen zu versorgen.

Verjüngen
Pflanzen werden verjüngt, indem man alte Wurzeln und altes Holz abschneidet. Dies fördert die Blüten- und Fruchtbildung und das Wachstum der jungen Triebe.

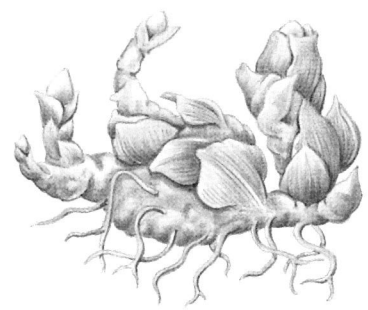

Vermehrung
Alle Techniken, die der Fortpflanzung dienen (Aussaat, Stecklinge, Ausläufer, Ableger usw.).

Versamen
Wenn die von den Pflanzen gebildeten Samen am Standort herabfallen und im nächsten Jahr von selbst keimen.

Verziehen
Siehe Pikieren

Volldünger
Er enthält Stickstoff, Phosphor und Kalium und wird durch chemische Synthese in speziellen Fabriken künstlich hergestellt.

Winterfest
Winterfeste Pflanzen sollten (leichten) Frost unbeschadet überstehen, solange sie nicht in Töpfen gezogen werden.

Wurzelfasern
Sehr feine Wurzeläste, auf denen die Wurzelhaare sitzen.

Wurzelhaare
Sehr feine und zerbrechliche Haargefäße, mit denen die Wurzel Wasser und Mineralsalze aufnimmt.

Wurzelnackte Pflanzen
Sie werden vom Gärtner ohne Ballen oder Container verkauft.

Zuchtwahl
Eine Methode, neue Pflanzensorten heranzuziehen, indem Exemplare mit den gewünschten Qualitäten gekreuzt werden.

Zurückschneiden
Wenn die Spitzen der Wurzeln, Zweige oder Blätter einer Pflanze gekürzt werden.

Zweijährige Pflanzen
Sie haben einen Lebenszyklus, der sich vom Keimen bis zur Samenbildung über zwei Jahre erstreckt. Danach sterben sie ab.

Zwiebelpflanzen
Das sind Pflanzen, die sich durch ihre Zwiebeln vermehren.

Register

Bildnachweise

Zeichnungen

Corinne Deletraz
Seiten: 66-67; 69 (u); 70-71; 73 (u); 74; 75 (o); 77 (ul);
78 (m); 79 (u); 80; 81; 82 (ul); 84-85 (außer 85 mu);
86 (m+u); 87; 88 mg90-91 (außer 91ml); 95 (u); 97 (ur);
170; 180 (m); 181; 184; 196 (m+u); 187 (ml+ul); 199 (u).

Anne Eydoux
Seiten: 44-45; 46-47; 48-49; 50-51; 52-53; 54-55; 56-57;
59 (u); 94 (ur); 95 (or+ol+mr); 96 (mr); 97 (o+ml).

J. Grosson
Seiten: 94 (ul); 98-99 (außen ur).

Nathalie Locoste
Seiten: 15 (u); 24 (o); 88-89; 102-103; 118-119; 122 (m);
124-125, 126 (ur); 132-133; 135 (o+u); 135 (m); 136 (u);
137 (o); 138 (u); 139 (o); 141 (o+u); 143 (ol); 144 (m);
145 (ol); 147 (o+m); 149 (ol); 150 (m); 1414 (ol); 152 (m);
153 (u); 154 (u); 155 (ol); 157; 158-159; 161 (ol+m);
162 (u); 163 (u); 190 (or); 192 (ol); 166; 194 (o); 195;
196 (ol); 198; 199 (o); 205 (o+ur).

Jean-Claude Sennée
Seiten: 95 (ml); 97 (außer mr).

Sophie Toussaint
Seiten: 11; 15 (or); 19 (or); 39; 48 (u); 49 (u); 52 (ur);
53 (ml); 55 (ur); 57 (ur); 6; 65 (u); 69 (o); 72 (u); 77 (ur);
78 (u); 85 (or); 91 (ml); 92 (mr); 104; 109; 113; 117 (u);
121 (o); 131; 135 (l); 139 (l); 142 (u); 143 (or); 145 (l);
147 (l); 149 (r+u); 151 (or); 153 (ur); 155 (or); 157 (l);
159 (l); 161 (l); 164-165; 167 (m); 172; 177; 180 (u); 185;
186 (ur); 187 (ur); 190 (m); 191; 196 (m); 204 (m);
205 (o+m).

Nathaële Vogel
Seiten: 12-13; 14-15; 16-17; 18-19; 20-21; 22-23; 24-25;
26-27; 28-29; 30-31; 32-33; 34-35; 36-37; 40-41; 42-43;
45 (ml); 51 (u); 58, 59 (o); 62-63; 64-65; 68; 73 (o); 76;
77 (o); 79 (o); 83 (ur); 86 (o); 93; 105; 110; 112; 114;
116-117; 120 (u); 121 (u); 122 (o+u); 123 (o); 127; 128-129;
137 (ur); 150 (u); 143 (u); 144 (u); 148 (m); 151 (u);
153 (u); 155 (u); 156 (u); 160 (u); 162 (u); 168; 169; 171;
176; 190 (u); 194 (u); 196 (u); 205 (u); 208-209; 210-211;
212-213; 214-215; 216-217; 218-219; 220-221; 222-223.

Fotos

Bios
Brigard Denis-Bios: 169 (or).

Dominique Chauvet-Milan
Seiten: 6-7; 72 (ol); 81 (u); 82; 83; 84; 93; 108; 111 (ur);
123; 126 (m); unterer Teil der Seiten: 134 bis 163; Seiten:
134 (or); 136 (ol); 138 (ol); 139 (u); 140 (ol); 142 (ol);
146 (ol); 148 (ol); 150 (ol); 152 (ol); 156 (ol+or); 158 (ol);
160 (ol); 187; 188 (or); 193.

Agence Colibri
F. Liebert: 60; Th. Moreau: 78; G. Bonnafous: 80;
J. L. Paumard: 81 (o); S. Bréal: 94; C. Guihard: 98;
J.-M. Brunet: 111 (ol); Fontaine: 111 (or); Guerrier: 113
(ml); R. Toulouse 113 (u); J. Dubois: 114; D. Fontaine: 115
(mr); J. Dubois: 115 (ol); S. Bedjai: 115 (ul); Bonnafous:
118 (ol); Cristuf: 120-121; R. Toulouse: 135 (u); A. Guerrier: 134 (m); S. Bréal: 136 (u); Guerrier: 138 (m); 141 (ol);
S. Bréal: 146 (ol+om); Etcheverry: 146 (m); Guerrier: 146
(u); S. Bréal: 150 (ur); Etcheverry: 160 (m); Paumard: 162
(or); R. Toulouse: 163 (or); R. Toulouse: 166 (ur);
R. Toulouse: 170 (u); R. Toulouse: 177 (ur); G. Bonnafous:
177 (ul); B. Tauran: 178 (ml); J. Dubois: 178 (ur);
G. Bonnafous: 179 (o); E. Kraft: 179 (ur); J. L. Paumard:
181 (or); J. P. Losson: 182 (ol); J. Dubois: 182 (mr);
J. L. Paumard: 182 (or); Brachet: 182 (u); P. Neveu: 183
(or); J. Dubois: 183 (ul); E. Kraft: 183 (ur); 184-185: Hintergrund; 184 (o+u); 185 (or+ol+ur+ul); J. Dubois: 188 (ul);
A. Guerrier: 190 (ur); D. Cordier: 199 (Hintergrund);
F. Merlet: 201 (or); 202 (u).

Lamontagne
Seiten: 10; 38; 62; 74; 76; 87; 90; 92 (ol+ml+ur); 113
(or+ml); 115 (ur); 118 (m+u); 119 (o+u); 126 (o); 140 (m);
142 (m); 144 (ol); 145 (u); 146 (om); 147 (u); 148 (m); 154
(ol+m); 159 (u); 162 (m); 163 (m); 164; 166-167 (Hintergrund); 166 (m+or); 167 (m+l); 169 (m); 170 (m+ul); 171
(ur+ul); 172-173 (Hintergrund); 172; 173 (ol+or+m+u); 174
(or+ol+ur+ul); 175 (o+ur+ul); 176; 177 (o); 178 (or); 179
(ul); 180-181 (Hintergrund); 180 (parc floral d'Apremont);
181 (ol+or); 186; 188 (ol+or); 189 (or+ur+ul); 191-191 (Hintergrund); 190 (ul); 191 (o+m+u); 192-193 (Hintergrund);
193 (ol+or+ul); 195 (Hintergrund+ul+ur); 197 (Hinter-
grund+or+ol+m+ur+ul); 198; 199 (o+mr+ml+u); 200 (Hin-
tergrund+ol+mr+ml+u); 202 (Hintergrund+o); 202 (Hin-
tergrund+o); 203 (or+mr+ml); 203 (u): Jardin de Berchig-
ranges; 206; 224 (o+m+u); 225 (o+m+u).

Philippe Terrancle
Seite: 72 (m).

Ein Praxisbuch für Einsteiger

Die Welt im Mikroskop

Ein Praxisbuch für Einsteiger

Faszination Mikroskop: Dieses Praxisbuch bietet verblüffende
Einsichten in das Innere unserer Welt. Wie funktioniert ein Mikroskop?
Wie werden Objektträger, Deckglas und anderes Zubehör benutzt?
Dieses Buch erklärt auf anschauliche Weise den Umgang mit dem
Schülermikroskop. Vieles können Kinder anhand klarer
Arbeitsanweisungen gleich selbst »unter die Lupe« nehmen:
Haushaltszucker entpuppt sich als verblüffend strukturiertes Kristall,
ein Teichwassertropfen enthüllt Pantoffeltierchen, die mit winzigen
Wimpern rudern, und ein Mikrochip erinnert bei genauem Hinsehen
an den Stadtplan von New York.

Gebunden. 64 Seiten. Ab 10 Jahren

Arena

Bibliothek des Wissens

Übersichtlicher Aufbau: Jedes Kapitel umfasst eine oder mehrere abgeschlossene Doppelseiten.

Kurze einleitende Texte erleichtern den Einstieg in ein Thema.

Wichtige Begriffe sind im Text hervorgehoben und werden in einem Glossar am Rand der Seite erklärt.

Über 350 faszinierende Farbfotos und Illustrationen machen Zusammenhänge deutlich.

Ein ausführliches Register hilft bei der gezielten Suche nach Informationen.

Kurzbiographien berühmter Naturforscher und eine Sammlung besonders interessanter Fakten ergänzen das Buch.

Jeder Band: Gebunden. 96 Seiten. Ab 10 Jahren

Arena